5D微课

视觉化微课开发与设计制作

汪 斌 [著]

王晓琳 [插画设计]

電子工業出版社

Publishing House of Electronics Industry

北京 · BEIJING

图书在版编目（CIP）数据

5D 微课：视觉化微课开发与设计制作 / 汪斌著. —北京：电子工业出版社，2021.1

ISBN 978-7-121-39886-5

Ⅰ. ①5… Ⅱ. ①汪… Ⅲ. ①多媒体课件—制作 Ⅳ. ①G434

中国版本图书馆 CIP 数据核字（2020）第 218251 号

责任编辑：袁桂春　　　　　　特约编辑：田学清
印　　刷：中国电影出版社印刷厂
装　　订：中国电影出版社印刷厂
出版发行：电子工业出版社
　　　　　北京市海淀区万寿路 173 信箱　　　邮编：100036
开　　本：720×1000　　1/16　　印张：15　　字数：200 千字
版　　次：2021 年 1 月第 1 版
印　　次：2021 年 1 月第 1 次印刷
定　　价：98.00 元

凡所购买电子工业出版社图书有缺损问题，请向购买书店调换。若书店售缺，请与本社发行部联系，联系及邮购电话：（010）88254888，88258888。

质量投诉请发邮件至 zlts@phei.com.cn，盗版侵权举报请发邮件至 dbqq@phei.com.cn。

本书咨询联系方式：（010）88254199，sjb@phei.com.cn。

赞 誉

来自企业客户和专家（排名不分先后）

微，细小也，如沙粒，如刹那，即如世界，永恒。微课正如无涯学海的一叶扁舟，助吾遨游。创作微课的过程，从极大浓缩到极小，从极小窥见无限。《5D 微课——视觉化微课开发与设计制作》精准地为培训者提供了方法和路径，助其掌握知识拼图的密码。

——中国石油东方地球物理公司物探培训中心教务主任　王伟

每个积极的人都有向上的动力和决心，现在生活和工作节奏快，如何利用碎片化时间快速充电、提升本领？微课的出现适逢其时，可以预测，微课将是当下及未来一段时间最适合的学习内容的载体。汪斌老师的这本书从产品思维出发，为企业在构建人才发展体系落地时开展微课学习项目提供了系统性解决方案，涵盖了理论、实操、案例及工具，可帮助企业以最便捷和高效的方式来培养亟需的知识型、技能型和创新型人才。

——中关村股权交易服务集团人力资源部总经理　司长宝

在移动互联网时代，企业的培训正从驱动型向自驱型转变。培训工作者要明确选拔标准，制定考核体系，激发人才成长势能，引导员工聚焦实战。在这个过程中，传统的授课模式已经不能满足企业人才发展的需要，微课这种符合时代学习特征的学习形式正当其时。如何做好微课，如何设计内容，如果运营传播，这是困扰很多培训工作者的重要课题，汪斌老师这本书深入浅出、系统完善、实战落地，非常值得一读！

——慧聪集团领导力培训与发展总监　孙钢

看工具书时我一般很难看进去，但汪斌老师这本书，我真的很容易就看进去了。可能是因为汪斌老师很巧妙地把概念与实例融合到一起了吧，有高度，又能落地，非常引人入胜。“微”时代，微课做起来！汪斌老师这本书会助你“微”力无边。

——卓望公司培训主管　张晓晴

微课以主题小、内容实、时间短、可自学的显著特点为企业广泛接受，很多企业还搞起了微课大赛，批量萃取经验、批量开发微课，为企业的学习平台注入了鲜活有力的内容。汪斌老师作为萃取技术的认证督导，一直致力于经验萃取与微课开发的研究和培训工作，5D 微课是其在多年的经验萃取实战中开发完成的，能够为企业交付多种类型的微课成果。

——《萃取技术》作者、萃取技术开创者　王兴权（王萃取）

企业在成长和发展过程中，对知识管理和灵活的传承、推广方式的需求将更加迫切。如何让企业的经验可复制、企业的文化可传承？微课灵活的交付方式，简捷快速的提炼、复制和推广，是未来企业学习、知识管理必不可少的工具。相信书中提到的理念、工具和方法，能够对企业的微课开发和知识管理及经验传承有一定的帮助和借鉴。

——惠普大学原培训业务发展总监　张益清

来自咨询与培训机构（排名不分先后）

《5D 微课——视觉化微课开发与设计制作》以微课设计开发的五阶段流程为框架，系统介绍了微课的起源与发展、设计制作的技巧，难得的是，还介绍了许多实用的工具，保证大家在阅读之后可以立即实操，是一本既有理论高度又有落地工具的好书，值得推荐。

——上海时代光华教育发展有限公司总裁　张春林

微课近十年来“红遍”大江南北，作为一种组织应用，是一个非常好的现象。因为一个组织的人才发展需求具有综合性和多样性的特点，没有任何一种培训实施方式可以满足一个组织能力发展和能力管理的所有需求，但微课的推广好像在不断扩展传统认知的边界。汪斌老师从实践中不断总结和提炼，逐渐上升到方法论。期待中国微课的实践以后能够融入全球人力资源发展（培训是其中一部分）的科学理论体系中去！

——改进咨询联合创始人、国际绩效改进协会（ISPI）首位华人董事　顾立民

在数字化转型的进程中，如何将企业内部的知识、技能、经验、流程进行萃取和沉淀，是当前企业培训从业者都需要思考的命题。难点在于，这些知识只能由企业内生。微课以其轻便灵活的方式进入大家的视野。如何让企业内部专家具备制作高品质微课的能力？汪斌老师的《5D 微课——视觉化微课开发与设计制作》会带给我们很多启发。这本书以经典的“5D”模型为核心，将抽象的理论具体化，辅以大量企业实际应用案例，同时提供了充足的方法和工具，浅显易懂，便于实践。微课虽小，好的微课却能够让人“见微知著”。这本书值得人力资源和培训从业者阅读！

——数字中欧副总裁　苏静

随着 VUCA 时代的到来，充分利用碎片化时间，随时随地进行“轻学习”成为新的学习方式。汪斌老师的这本书给我们展示了如何通过微课学

习来加强员工能力建设，非常系统，也很实用，值得对微课学习感兴趣的朋友研读！

——领导梯队学院（中国）院长　冯晓晋

汪斌老师是实战派专家，本书有理论、有流程、有工具、有案例、有诀窍，对希望通过微课传承经验、赋能于人的读者来说，这是一本非常实用、即学即用的工具书。

——百年优学创始人　韦国兵

移动互联网刚兴起的时候，网上曾有针对“为何 QQ 没有微信的摇一摇功能”的神回复：“因为电脑太重，没法摇。”企业移动学习和培训越来越普及，但移动互联网带来不仅仅是内容的线上化，随之带来的还有很多新的企业培训玩法。微课，特别是全员微课，就是其中一个重要的新玩法。正如玩好抖音等短视频也是一门学问，如何做好微课，也需要系统的方法论，才能让微课在企业中发挥知识萃取、知识沉淀、全员参与培训的最大功效。汪斌老师的这本书系统地讲解了从微课概念到交付流转，非常值得关注企业培训的从业者拥有。

——魔学院院长　熊二博士

当今世界最大的变化就是不确定性，随着科技的发展，信息时代企业对于人才的需求缺口很大，所以在企业内部培养人才显得尤为重要，人才发展也成为企业必须攻克的难题。

企业培训则是解决人才发展的重要手段之一，随着社会和科技的进步，培训形式也变得多样化，从传统的实体课堂到如今的多元化，从集体学习到个性化需求的学习，信息时代的降临，大数据的爆发，让学习内容丰富的同时也促使其更加聚焦。

如今大部分员工都是利用碎片化时间学习，所以很多企业会打造自己的学习平台，充分利用碎片化时间，丰富员工的知识储备。然而，构建学习平台，需要企业加大微课内容的研发与质量的提升。

对于微课领域的内容，市场上层出不穷，各抒己见，但都缺乏系统性。最近一直在读汪斌老师的《5D 微课——视觉化微课开发与设计制作》，我深有感触。这本书利用 5D 的结构与逻辑，非常系统性地讲述了微课开发及微课对企业的价值，让我对于微课又有了重新的认识。这本书首先从发展起源开始，一步步讲述微课在企业中的发展轨迹，在人才培养方面做出了哪些重要的贡献，让人深刻地了解到企业对于微课的爱恨交加，也认识到微课对于员工碎片化学习的重要性；其次针对微课的开发设计展开充分探讨，从理论到实操，有很多实用的微课技巧，让人不由感叹小小的微课居然会有如此大的学问；最后讲述了很多培训从业者最关心的问题“微课如何应用，怎样落地”，汪斌老师通过实际调查，分享实践案例，总结出最佳的应用方案，问题迎刃而解。对于微课，汪斌老师有非常独到的见解，也有最佳的解决方案。从单纯的人才培养到企业的知识沉淀及培训体系的搭建，微课成为必不可少的一环。作为培训从业者，只有深知微课的来龙去脉，了解微课的开发与应用，才能更好地服务人才、服务企业，甚至服务社会！

——新华报业传媒集团《培训》杂志运营（北京）中心主任　陈新峰

汪斌老师的《5D 微课——视觉化微课开发与设计制作》顺应当下企业对数字化学习、人才发展的需求，系统地解决了微课的设计问题，从什么是微课到微课的开发、设计、制作、交付等步骤，应用产品化思维彻底解决微课相关难题。

——革新咨询公司　汪中虎

前 言

党的十九大以来，中国社会正式进入高质量发展的转型阶段，中国企业在全球市场上的竞争态势也将逐渐扭转。在全球化的大背景下，中国企业必须关注三大变化因素：一是科技的进一步发展与革新必然带来产业生态重构；二是中国企业过去赖以生存的成本优势、人口红利、渠道优势、营销策略优势等都将随着人们消费环境与消费水平、消费趋势的变化而逐渐消失或发生转变；三是世界经济格局的变化与文化差异正在寻求更灵活的企业组织形态与人才机制。综合来看，“变化”和“不确定性”是这个时代的基本面和突出表现，市场将时刻考验企业等商业体的基因、文化和竞争态势。而决定企业成败的根源仍然是商业体所拥有的人才资源，以及让人才发光、发热的平台机制。

企业内部的人才培养与组织发展的基因重构是一项系统而庞大的企业进化工程，只有率先认知并付诸实践的企业才有制胜的可能。

因此，迎合时代技术发展趋势与培养知识型、技能型、创新型企业人才显得十分重要。如今，越来越多的企业在这一领域持续投入，并依赖一些技术手段（在线学习平台）承担企业内部各类亟须人才的培养工作。随着科学技术不断革新，在线学习平台将承担很大一部分工作任务与落地方式。为充分利用碎片化时间，实现碎片化的学习，在构建在线学习平台时，企业需要着力加大微课内容的研发与质量的提升，进一步促进企业人才培养方式的升级，并且实现企业降本增效的目标。

本书分为 5 章，具体内容如下所示。第 1 章定义微课，对微课的发展历程、企业内部微课应用的迫切需求、微课体系规划，以及微课在企业各类人才培养工作中发挥的重要作用进行探究。第 2 章开发微课，讲述微课开发的内容、实操、落地的方法论，通过学习微课开发方法论，企业内部的管理干部、业务专家、培训师、岗位精英迅速成为企业经营与发展智慧的贡献者，同时他们的最佳实践以微课的形式在企业内部传承开来。第 3 章设计微课，主要聚焦微课内容的设计与优化，这是为了使微课在企业内部盛行起来以后其质量有所保障，这部分内容涵盖了微课内外核结构的设计及视觉传达，以此保证员工的学习效果与实践效果。第 4 章制作微课，进入微课成品内容的制作环节，对目前主流微课成品样式进行详细的讲解，从场景动画至 H5 交互页面等全面覆盖，真正将卓越的微课内容落地为卓越的微课成品。第 5 章交付微课，介绍了企业内部人力资源管理者、人才培养与组织发展的管理者及企业各业务部门管理者共同探讨的微课在企业内部的最佳应用路径，并提供了切实可行的办法与工具。这使微课学习项目最终得以在企业内部落地执行，并为企业的可持续发展奠定了坚实的基础。

本书采用了非常科学有效的微课系统解决方案的设计思路，从第 1 章至第 5 章分别为定义（Define）、开发（Develop）、设计（Design）、制作（Do）、交付（Deliver）。这样的 5D 结构与逻辑，正是人们在开展工作任务中最常用的工作方法论。有了这样一套工作方法论，微课学习项目就能与企业对新型人才培养的机制实现无缝对接，助力企业，助力全社会。

笔者三年来在企业内部深入推广与实践微课学习项目，收获颇多，最终决定将其撰写成此书。本书在内容方面更偏重实践背后的理论研究成果和实践案例的解析，它与笔者在实体课堂所讲授的专业课程高度结合，二者缺一不可。

期待更多的小伙伴与笔者共同交流和探讨，助力未来的企业人才发展之“道”与“术”。

目 录

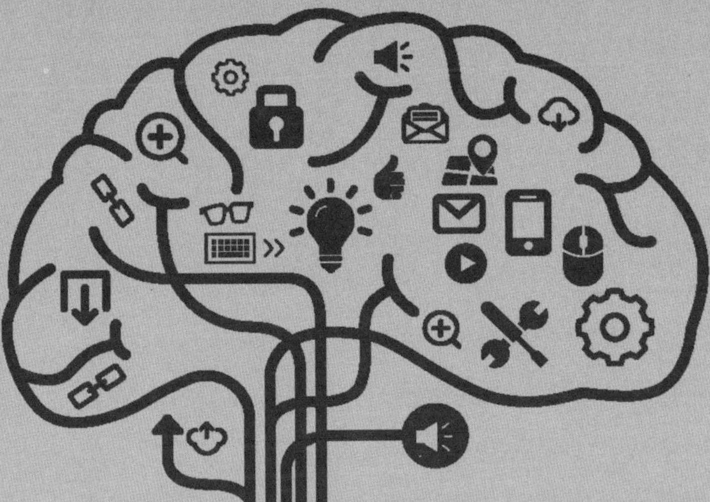

第1章 定义微课(1D:Define)

第2章 开发微课(2D:Develop)

第3章 设计微课（3D:Design）

第4章 制作微课（4D:Do）

第5章 交付微课（5D:Deliver）

微课发展至今，在中国企业内部应用与实践的时间已不短了，但在过去也走过很多弯路。起初，人们认为将实体课堂的课程进行章节拆分，使其体积和时长变小就是微课。伴随着计算机技术的发展，人们又开始重视微课外在呈现形式，就好像微课是依附于计算机技术而产生的，而把“微课是一门课程”这样的底层认知都抛弃了。实际上，微课既要履行一门课程的使命，又要应景于移动互联网时代，还要承担企业内部人才培养与组织发展的重任。于是，“5D 微课”诞生了！

1.1 什么是微课

从字面上理解，微——体积小、时间短、内容少；课——传授知识、技能、态度，改变认知与行为。

微课（Micro-Course），是指通过现代计算机信息技术将知识、技能、态度等按照一定的人类认知与学习规律，以听觉和视觉的组合形式呈现出来的电子化资料。

1.1.1 微课的核心组成

微课分为内层和外层两大部分，如图 1-1 所示。内层是微课真正的核心，包含主题、内核、外核三个部分。有了内层，微课才能被人开发出来并且迎合人类的认知与学习规律。外层主要是微课的内容脚本与呈现载体。人们在微课内层的主体框架下进行外层微课内容的学习。为了让人们在学习微课内容时能够感兴趣、快速记忆并掌握知识，需要对微课进行教学设计和视觉呈现设计。

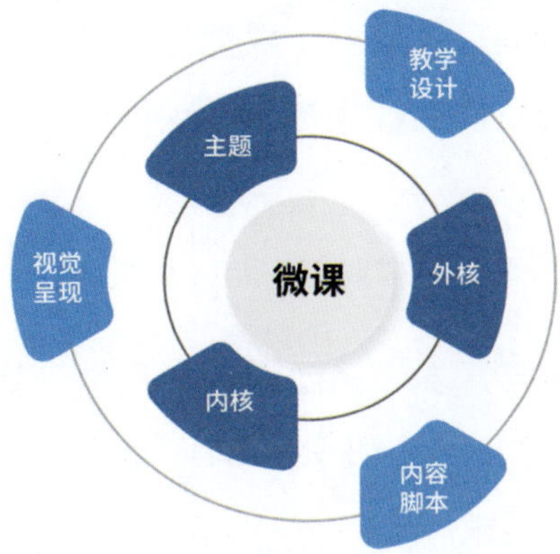

图 1-1 微课的核心组成

除此之外，微课的核心组成部分还包含将微课应用到人们学习的过程中所需要的学习测验、学习反馈、学习实践等一系列配套行为与工具。

1.1.2 微课的主要特点

1. 教学时间短

通常，标准化微课时长为 7～15 分钟。微课时长短于 7 分钟，微课导师很难将微课主题下的内容讲授清楚并辅以配套的教学设计；而微课时长超过 15 分钟，人们在学习微课内容时注意力容易分散，无法获得最佳的学习体验与学习效果。

2. 教学内容少

微课在时长上的局限性，以致其能够承载的教学内容必然较少。正因如此，人们在学习微课内容时不必占用过多的时间，而采用碎片化的时间来进行随时随地的学习，提高其学习的灵活性。

3. 资源占比低

当谈到微课时，人们很自然地就会联想到它是一门微小的、基础的课程，再结合现代计算机信息技术对多媒体信息高压缩，使它在输出为一个音视频的多媒体文件时所占的数据资源体积很小。这为它在网络传播上带来诸多的便利。

4. 只有一个主题

如今，人们去界定与开发一门微课时，几乎是基于一个分类细致的小主题。通常，这个主题源于某个概念、事件、故事、场景、案例等，可以完全覆盖它对内容载量的要求。

5. 人人可开发

随着我国高等教育的普及，知识型工作者的数量逐渐增多。而微课对内容的量级与质量要求并没有统一的严格标准，加上它的应用十分广泛，这就使大部分知识型工作者都可以胜任微课开发的工作。

6. 多平台、多途径传播

随着现代计算机信息技术与通信技术的持续发展并有效的结合，人们开发出来的微课将超越传统的线上学习软件，再加上微课形式的多样化，必然使当前的微课成品可以在计算机、手机、平板电脑、电视等多平台、多途径进行传播。

7. 互动性强

近年来，随着 HTML5 和 CSS 样式语言的普及与广泛应用，人们借助一些工具便可以制作具有交互功能的微课样式，并且微课可以快速地、精准地进行传播。这也让微课与学员之间的互动得到增强。

微课只针对一个较小的主题进行拆解和讲授，它既没有复杂的课程体系和完整的理论框架，也没有标准和统一的教学目标与教学对象。微课看似缺乏系统性和全面性，被很多人称为“碎片化内容”，但微课是针对特定目标人群传递特定的知识、技能等内容。因此，微课虽小，但“五脏俱全”。

1.1.3 微课的类型

1. 按照微课呈现形式分类

随着微课的不断发展与演变，同时伴随着现代计算机信息技术的持续发展与应用软件的不断涌现，如今大家能够看到微课成品呈现形式主要有图片搭载音频形式、真人出镜录制纯视频形式、计算机软件制作的动画视频形式、计算机软件制作的交互页面形式，以及综合多种形式的混合形式。微课的类型及适用范围如表 1-1 所示。

表 1-1 微课的类型及适用范围

分类依据	呈现形式	微课类型	适用范围
以语言传递信息为主的方法	图片搭载音频形式	讲授类	适用于教师向学生传授知识（如描绘情境、叙述事实、解释概念、论证原理和阐明规律）。这是应用于中小学阶段最常见、最主要的一种微课类型
	真人出镜录制纯视频形式	问答类	适用于教师按一定的教学要求向学生提出问题，并要求学生回答问题。教师以问答的形式来引导学生获取或巩固知识
	计算机软件制作的动画视频形式	启发类	适用于教师在教学过程中根据教学任务和学习的客观规律，从学生的实际情况出发，采用多种方式，以启发学生的思维为核心，调动学生的学习主动性和积极性，促使他们生动活泼的学习
	计算机软件制作的交互页面形式	讨论类	适用在教师的指导下，由全班或小组围绕某一个中心问题通过发表各自意见和看法，共同研讨，相互启发，集思广益学习
以直接感知为主的方法	混合形式	演示类	适用教师在课堂教学时把实物或直观教具展示给学生看，或者做示范性的实验，或者利用现代教学手段，学生通过实际观察获得知识以说明和印证教师所传授的知识

从微课应用与实践的角度来说，通常一门既定主题的微课只能用一种

呈现形式，这就保证了微课在设计与制作成成品时不需要耗费过多的时间与精力，从而让微课开发者在微课教学设计与实施环节可以下更大的功夫。大家不难发现，虽然在同一个主题下的微课成品只有一种呈现形式，但在微课内容的教学设计上可以采用多种形式嵌入，如加入教学小助理、导师与“小白”的对话、情景模拟等。

2. 按照微课应用分类

从当下及未来企业内部微课应用的方向分类，微课可分为宣贯类、基础知识类、岗位技能类、认知水平提升类、纪实类等类型。从企业内部具体应用的表现形式分类，微课还可以细分为概念讲解、场景重现、案例分析、情境对话、复习巩固等。

本书旨在探讨与发掘来自企业内部为构建人才培养与组织发展所搭建的微课体系。虽然企业内部微课在外观和形式上与传统的微课趋同，但在内容、开发者、应用对象与场景上均有所不同。换言之，企业内部微课针对的是在职在岗人员的学习与发展，更加强调实用性、逻辑性、系统性。

1.2 微课的发展历程

提到微课的起源，2006 年以前我国还未出现微课。那时，我国的一些知名企业大学刚刚开始建设“网上大学”——将一些优质的线下实体课程用录像机或高清录播系统进行录制，简单地按照课程章节内容进行剪辑并配上字幕，再上传至“网上大学”，供企业内部员工观看学习。

2010 年，我接触到我国一家非常擅长通用管理在线课程制作的企业——中欧商业在线，现已更名为“数字中欧”。“数字中欧”源于国际知名商学院——中欧国际工商学院。基于雄厚的师资体系、灵活的制度和充分的国际交流机会，中欧国际工商学院自主研发在线课程，形成了独特有效的教学逻辑。一方面，他们将中欧国际工商学院的案例教学法搬到在线课程中，通过视频/动画再现案例场景，配以针对案例的自我检测题及专家的深度剖析，大大提升了课程的互动性。另一方面，为了让学员学习更高效，他们将每门课程时间控制在 30 分钟左右。一门课程涉及 4～5 个案例的互动环节，这样学员既可以系统学习，又可以分不同时间段进行学习，交互性强、用时短，在系统地对工商管理软件技能进行理解和练习的同时，不会给学员制造太大的时间压力。这种在线课程形式逐渐形成了中国企业学习与发展领域早期的主流微课形式。

要想真正了解中国微课的发展历程，大家必须了解中国的 E-Learning 学习平台的发展历程。

❑ 1.2.1 中国第一代 E-Learning 平台

2008 年，中国移动通信集团刚开始建设“网上大学”，可以称为“中国第一代 E-Learning 平台”。它具备以下几个鲜明的特征：

（1）线下真实课堂录制的授课视频经过剪辑和后期处理，再上传至 E-Learning 平台，供企业内部员工来进行学习。

（2）每节视频课程的时长至少是 30 分钟。

（3）E-learning 平台具有做笔记、评论等功能。

总之，2008 年及以前的 E-Learning 平台的功能定位类似当前视频网站的功能定位。

❑ 1.2.2 中国第二代 E-Learning 平台

2010 年，我国出现了 E-Learning 平台的升级版，称为“中国第二代 E-Learning 平台”。为什么这样说呢？因为智能手机问世了！不过，中国第二代 E-Learning 平台的发展历程并没有人们想象中那么简单，它的发展历程要复杂一些。

首先，市面上出现了并不是靠线下真实课堂录制而是完全通过计算机软件制作的课程教学视频，如利用 Flash、Ae 等工具进行设计与制作的动画视频课程——将完整的课程通过知识点与教学进程的设计来对线上课程进行章节的拆分与呈现。这就是本书所讲的微课呈现形式的前身！

其次，当时的 E-Learning 平台有了培训管理的概念与功能定位，既有对线上课程的学习管理，也有对线下培训的全流程管理。

最后，最显著的特点是 E-Learning 平台支持移动端的学习。人们既可以通过手机安装 App 完成对平台的管理，也可以通过 App 直接在手机上完成学习。

知名的 E-Learning 学习平台

上海时代光华教育发展有限公司（以下简称：时代光华）创办于 2000 年，是一家学习平台与内容提供商，北京、上海双总部运营，服务网络覆盖多个城市。时代光华融合产品思维及混合式学习理念，以“平台+内容+运营”为支柱，为企业提供一站式在线学习解决方案，帮助超过 9500 家企业构建知识运营中心与业务赋能平台。

时代光华通过人工智能、大数据、移动互联等手段，为企业打造多元化的学习场景，包括直播课堂、混合培训、考试认证、分享互助等。时代光华聚集了超过 10000 门优质课程资源，其中包括近 5000 门自有版权课件，以及与混沌大学、中欧商业在线等头部品牌的合作资源。时代光华建立了70余套岗位“配课”方案，满足10个业务条线、4个层级的学习需求，全面覆盖企业培训常规领域。时代光华通过覆盖1000万名用户的行业大数据，指导在线学习的落地和高效能转化。在线学习平台基于业务场景的“训战结合”，促动内驱力的“以赛代训”等，有效地提升了用户活跃度，积累了丰富的实战案例。

在线学习平台领域呈现出分足鼎立的第三方服务平台，还有四家不得不说的在线学习平台，即“魔学院”“知学云”“云学堂”以及“职行力”。这四家在线学习平台均以技术优势为发展驱动力，经历了多年的市场竞争，在发展策略的驱使下已经渐渐地展现出各自独有的竞争态势。从市场占有率的角度来看，这四家在线学习平台均取得了不错的成绩。除此之外，新兴的在线学习平台服务机构从全国来看更是多达数十家，这也进一步验证了线上学习是未来发展十分火爆且广泛应用的替代性解决方案。

综上所述，中国标准的第二代 E-Learning 平台具备以下几个鲜明的特征：

（1）平台的课程呈现形式更加多元化，有文档格式、视频格式、动画格式、HTML5 交互等。

（2）平台加入了学习管理、学习数据统计与分析、线下培训活动管理等互补的系统性功能。

（3）平台拥有移动端 App 同期版本，并支持移动端页面浏览。

❑ 1.2.3 中国第三代 E-Learning 平台

如今，我国正迈入第三代 E-Learning 平台发展阶段。这个阶段企业内部每位员工的学习都将为线上学习平台贡献大量的数据，从而使其成为企业的一个“数据中心”。

首先，“数据中心”形象图可以从员工学习与潜力的角度提供一个参考模型和数据池。

具体来说，员工在 E-Learning 平台注册时，即要求员工对其个人属性标签的基础数据进行录入，员工登录后所做的每一步关键操作都将被学习平台记录下来形成数据。当然，具体记录哪些数据需要学习平台开发者事先对学习数据进行建模，按照建模好的数据框架进行学习行为的数据收集并做规约计算与数据筛选。

其次，学习平台开发者要向 E-Learning 平台的后台数据中心引入机器学习，即算法设计与运行规则。

简单来说，它就是要通过一套算法来使计算机系统对后台收集的有效数据经过筛选再做进一步的逻辑性收敛，同时不断吸收新的“源端”数据库，保证其开放性与不断学习的循环运算，最终服务于输出端的人才属性及标签数据库。这一过程既可以按照一定的时间周期来进行，也可以遵循于计算机系统管理员的权限操作。

最后，由于不同行业的企业及其人才结构的差异，企业对数据输出端的应用也有不同的方向与内容。例如，常见的企业内部人才盘点、人才能力模型搭建等均有所不同。

图 1-2 左侧是对员工在 E-Learning 平台上学习行为的数据进行收集，通过规约计算后纳入“特征值”库，并对其进行分级规则的整理，即输出“人才画像”中的“行为标签”数据。同时，将“特征值”库的数据放入事先设计好的“评价模型”中进行机器学习，从而输出“评价指标”，再通过分级规则输出为“指标标签”，由此完成了“人才画像”又一个维度的数据运算与输出。“人才画像”中“属性标签”的数据来源，是指用户在 E-Learning 平台注册时需要填写的用户“属性数据”，如姓名、性别、学历、工作履历、项目经验、

职位、专业方向等。当“人才画像”完成了“属性标签”“行为标签”“指标标签”三个维度的数据收集后，企业再通过事先设计好的“分类模型”将其输出为多个类别的人才并附带权重，由此一个拥有立体数据影像的“人才盘点”工作便完成了，而且它是实时更新的。过去，企业通常一年进行一次全员的“人才盘点”。现在，企业通过基于 AI 技术的第三代 E-Learning 平台可以做到一个季度盘点一次或者一个月盘点一次，甚至即时盘点也可以实现。

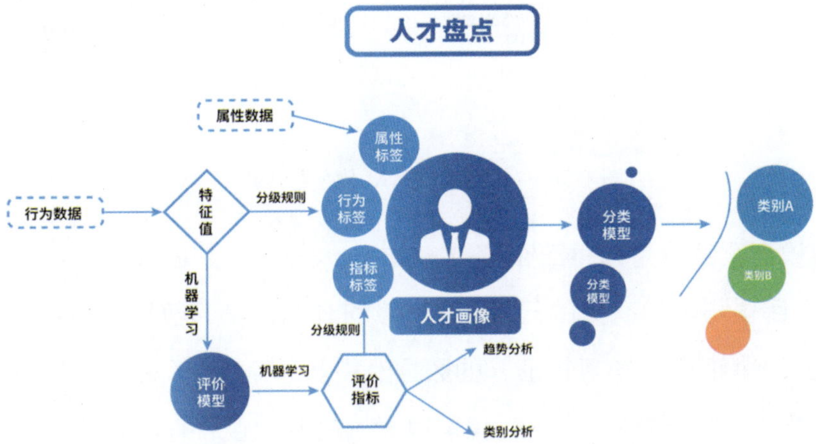

图 1-2　“人才盘点”模型

图 1-3 为“能力建模”AI 模型的应用，通过 AI 模型设计，可以实时为企业人才培养工作带来指导和帮助。过去，企业每年在做下一年度学习与发展计划时，通常是企业管理者“拍脑袋”制订总计划、人工调研需求、业务管理者指令式制订具体计划。如今，企业至少拥有一个全新的视角与制订计划的维度，即企业内部各业务线条的人才究竟缺失哪些知识、技能、特质。下文将详细介绍“能力建模”AI 模型的应用。

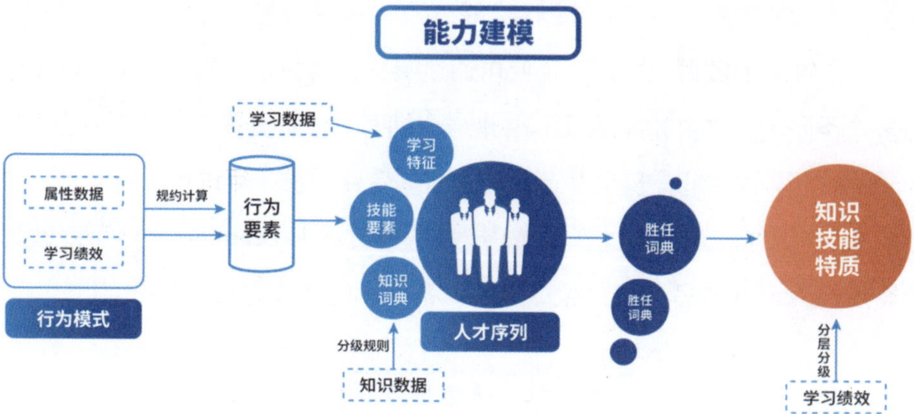

图 1-3 “能力建模”AI 模型的应用

AI 模型大致分为以下三个部分。首先，员工登录 E-Learning 平台后究竟做了哪些与学习有关的行为，这一项可作为“学习数据”纳入“人才序列”第一个维度“学习特征”的数据池中。通常，“学习数据”是指员工进入哪些页面，停留了多久，停留时学习的专注度，有没有参与课程互动，是否回答他人提出的问题，答案是否被认可，有没有上传分享自己的课程与学习资料等。往往员工即时分享的内容可以很好地建构其知识图谱，充盈其学习数据库。另一个重要的维度是“知识词典”的数据收集。员工在 E-Learning 平台上学习与掌握的课程内容是“知识词典”的核心数据来源。目前，人们能见到的绝大部分 E-Learning 平台上的课程内容（包括微课、案例、资料）大多是不完整的，它满足不了“知识数据”的收集要求。因为这些课程内容的颗粒度实在是太大了，仅包含课程名称、讲师、课程大纲等。而第三代 E-Learning 平台对“学习数据”的收集需要清晰地知道课程内容所涵盖的知识点、关键词、行为要素等非常细颗粒度的数据，同时配合练习、复习、小测验、正式考核等手段来保证“知识数据”输出的有效性与可信度。

这里需要强调一下，数据是 AI 时代的核心。倘若收集的数据不真实、无效、不可信，就是毁灭性的打击，像建房子要打好地基一样。

其次，“人才序列”中“技能要素”的数据输入。最初要进行的是“属性数据”的收集，这一项与前面的“人才盘点”模型中“属性数据”收集是相同的，此处不再赘述。而“学习绩效”项是需要在 E-Learning 平台开发过程中添加“前台管理”的功能。此项数据的收集来源于人工干预，即需要每位员工的直属上司对其专门设计年度、季度、月份的“学习绩效”指标，然后通过 E-Learning 平台来记录员工指标完成情况。当完成“属性数据”和“学习绩效”两项数据的收集后，再进行规约计算输出“行为要素”，然后从“行为要素”中分离输出“技能要素”的数据词典。

最后，“人才序列”完成对“学习特征”“技能要素”“知识词典”等三大维度的数据收集，再纳入事先设计好的“胜任词典”中进行匹配运算，再结合“学习绩效”进行分层分级划分，最终输出人才所拥有的知识、技能、特质。

我与培训经理的对话

有一年我受邀作为分享嘉宾参加了一场关于创新主题的学习论坛，有来自国内外人才培养与组织发展领域的众多同仁。其中，一位来自某个世界 500 强企业控股子公司的培训经理张经理当场添加了我的微信号并与我进行沟通。（以下是对话内容部分节选）

张经理：汪老师，感谢您分享的中国 E-Learning 平台与微课的发展历程，但我觉得对企业培训经理的角色来说，要想自主开发并上线标准的第三代 E-Learning 平台太不现实了，而且专业性也不够啊！

汪老师：您的体会非常真实。从现实来说，企业要开发并上线这样的第三代 E-Learning 学习平台，首先开发费用将是天价数字。另外，咱们做培训经理的也不可能转换为产品经理的角色来亲自设计这样的学习平台，专业性肯定是不够的。只有极少数的世界 500 强企业大学才可能成立专门的团队来研发这样的 AI 模型学习平台。所以，从这个角度来说，我们只需要了解未来 AI 技术渗透到企业人才培养与组织发展领域的方向及一些应用领域。谈到这里，我要顺便讲一下，这个领域除了 AI 技术，还有一个就是“脑科学”（认知神经科学），也是未来的大趋势，值得我们关注。

张经理：谢谢您的解答，我觉得又学到新东西了。不过，我还是想了解一下这两大趋势对在现实中我们学习与发展领域的实际工作有哪些指导意义呢？或者说它们会带来哪些变化呢？

汪老师：您提了两个很棒的问题。在这里我想抛出两个概念——“颗粒度”与“元认知”。

颗粒度——在企业内部设计学习与发展的项目时，一定要注意“颗粒度”的大小，也就是能不能有效抓住并记录下来那些基于知识与技能的有效数据。颗粒度越细的数据越会有效地支持你所涉及学习项目内容的正确性、吻合性和真实性。

元认知——这是我自 2017 年开始在公开场合经常提到的一个新词。我们一直强调影响一个人学习与发展能力的重要指标就是认知能力与水平。今天，大家处在一个“VUCA”［V—Volatility（易变性）、U—Uncertainty（不确定性）、C—Complexity（复杂性）、A—Ambiguity（模糊性）］时代，更要加强对元认知的认知能力与水平。元认知是指一个人看穿事物本质，从事物最初的样子或底层的逻辑对事物进行思辨的能力。例如，近几年来全球范围内发生了很多跨界竞争、跨界消灭竞争对手产品的案例。为什么会发生这样的事情呢？人们往往只会关注外部环境的变化、技术变革等因素，但实际上那些跨界的企业将市场环境、消费者心理及发展趋势、技术成熟度等问题研究得很透彻，所以他们就敢来“跨界”了。元认知的背后就是从底层去颠覆你的这样一种逻辑思考！

张经理：谢谢您，汪老师！

1.3 企业为什么需要微课

这些年，大家一直在谈论企业培训如何落地，如何有效支撑企业业务的发展与实现等问题。具体怎么执行呢？其实，业内是没有形成共识的，或者说大家还处在各种尝试与探索的过程中。我时常反思：经营一家企业最重要的核心是什么？答案是企业现金流。企业内部每个人所做的每个决策及每步行动都要对企业现金流正向持续流入形成有力的支撑，否则企业很可能垮掉。而企业现金流的背后是企业验证通过的商业模式及支撑商业模式持续运转的人才队伍。在人才队伍中，专家级人才的知识、技能、特质应该成为整支人才队伍的标配。微课就是当下最应景的企业内部知识、技能、特质的传承载体。

1.3.1 微课能够为企业现金流正向持续流入提供支撑

人们研究“影响企业正向经营性现金流背后的因素到底是什么？”这

项研究是非常有难度的。因为企业需要将一切经营与管理活动进行细颗粒度的拆分。

作为任何一家中小型企业或者集团型企业的分公司、子公司、控股公司等组织都会有一张通用型业务流转图，中小型企业运营与管控的流程框架图，如图 1-4 所示。

图 1-4　中小型企业运营与管控的流程框架图

首先，每家企业都拥有自己核心的产品与服务。当然，产品与服务有可能是完全自主研发并设计、生产制造的，一般是企业通过对下游供应商产品与服务进行整合二次研发与投产所获得的（有少部分代理中介型企业不研发也不生产任何实质性的产品，更多的是通过提供服务和资源整合的方式来获利）。

其次，当一家企业拥有了产品与服务后，便需要通过一系列的营销举措与销售活动来将产品与服务推售给目标市场的客户。通常，企业按照区域市场、目标客户分类、目标客户画像来进行精准营销。当企业收集到客户的数据并形成“资源池”后，通过销售人员来对接具体的销售活动与成交服务。

再次，当客户签约并付款后，企业将产品与服务交付客户。常见的交付流程是企业研发设计部门将产品与服务递交至交付部门，再由交付部门递交到客户手中，并指导客户以正确的方式来使用产品与服务。

最后，客户使用产品与服务过程中必然会遭遇一些未预见的实践层面的问题或障碍。这些问题或障碍在双方签订的协议中明确说明的部分都约定——企业提供无偿的持续交付服务。这是增值服务的一部分内容。当然，在增值服务中，有另一部分服务是可以为企业带来二次商业成交与利润的。当首次成交的客户伴随着自身需求的变化而对先前交付的产品与服务有了新的诉求，企业再提供后续迭代优化的产品与服务可以促成持续的商业成交。

显然，企业人才培养的基准应该建立在对企业商业模式落地的实现与有效支持企业业务不断发展与转型提升基础上，并持续在这个通道上进行发力。

由此，人们可以清晰地了解企业在不同发展阶段究竟需要什么样的人才以及需要人才具备什么样的能力素质，而不是一味地通过企业内部培训负责人或其上级领导“拍脑袋”来设计并开展企业内部的学习项目。

我与培训经理的对话

张经理：汪老师，您好！现在很多企业都在开展微课相关的项目，但是从我现在所在的企业来看，我还没找到一个充分的理由来开展微课项目，您可以帮我分析一下原因吗？

汪老师：张经理，您好！您所面临的情形是很常见的。从大环境来说，企业培训一直是很难“显性化”和“数据化”实施成效的，所以您要是打算开展微课项目，一定要先想清楚为什么做微课。

❑ 1.3.2 微课能够为企业人才提供合适的课程内容与形式

企业能够存活并获得发展主要依赖三大支柱：一是企业生产或提供的

一项或多项产品与服务满足了部分目标客户的需求，客户愿意为此买单，或者其他人愿意为此买单；二是企业内部拥有接近完备的生产或供应产品与服务的人才与资源；三是企业能够实现良性运转并及时抓住市场风向及消费环境的变化，做出适时的转型与改变。

在企业三大支柱中，核心是人才。对人才来说，企业需要解决哪些问题呢？

最基本的做法是企业为人才支付相对公平的劳动报酬。企业需要考虑的问题不外乎以下三个方面：一是人才在过去的产出及回报率；二是企业如何留住对业务发展有贡献的人才，人才诉求都有哪些；三是企业如何让人才与人才之间的分工协作更高效，甚至达到乘法效应。

从以上三个方面来看，大家不难看出：

（1）当人才不能胜任岗位，或者人才跟不上业务发展速度时，企业需要为人才赋能。也就是说，企业要建立“人才培养体系”与“文化机制”。

（2）企业要想留住优秀人才，要做到三点：高报酬、持续培养、良好的组织文化与氛围。最重要的是“人才培养体系”。

（3）企业要想形成高效的内部分工协作机制，就必须依托组织文化的建设、制度的建设、人才梯队的建设。这三个建设核心的动作仍然属于“人才培养体系”范畴。

凡是成功成长起来的大型企业或知名中小型企业，必然在“人才培养体系”方面下了很大的功夫。企业内部人才培养与组织发展领域发展到今天，绝大部分的企业都达成了一种默契，那就是基于业务分支的专业线条人才培养乃重中之重。这需要企业的学习管理者建立完全自主的企业内部人才培养与组织发展的课程体系。

课程体系的建设，无非是“课程开发者+课程内容+培养形式”，而微课正是当下最应景的一种课程内容与形式。

1.3.3 微课能够快速满足企业人才学习的需求

伴随着 E-Learning 平台的普及，企业学习平台需要有大量的优质课程内容。除了企业采购第三方学习平台的优质课程内容，企业内部的业务骨干、培训师、管理者及岗位精英都可以为 E-Learning 平台贡献大量的优质课程内容。

目前，绝大多数的企业都是直接将 Word 版、PDF 版、PPT 版课程内容上传至 E-Learning 平台供员工学习。殊不知这样的课程内容有三大短板：

（1）课程内容不够专业且制作粗糙。

（2）课程内容多且未经过系统梳理。

（3）员工对课程内容不感兴趣，学习一会儿就容易走神。

过去，企业采购第三方学习平台的优质课程内容所支出的费用非常高，但是那些课程内容大部分属于通用方向范畴，而企业最紧缺的恰恰是贴合业务线条与专业线条的课程内容。企业通过搭建企业内部培训师队伍或召集企业内部的业务骨干、培训师、管理者及岗位精英等花一些时间就可以产出几十门企业急需的微课成品。

这种方法既方便快捷，又节约开支。何乐而不为呢？

1.4 企业微课主题设立标准

企业微课主题的设立应符合自主开发、定位与价值、实效性、兴趣度、有用性、可学习性和可行性七个标准。这七个标准对企业规划业务线条与专业线条课程体系、课程计划、课程所需的类目都有很好的借鉴作用。

❑ 1.4.1 自主开发

为了帮助企业员工以比较经济实用的方式获得尽可能多的自主课程内容，企业在规划内部自有课程体系时，主题引用或内容选择的指导原则主要是源自岗位所在的业务线条和专业线条。学习效益意味着企业内部培训讲师的教学工作量减少，投入的资源减少，但员工可以获得更多的学习成果并能够有效地应用学习成果。

这个标准意味着员工有机会对所学内容进行实践、观察和场景应用，可以帮助他们更好地进行独立学习。

对业务课程或专业课程，企业每月应该组织为期一天的独立学习活动。但具体内容应该由微课开发者仔细规划。当员工返回工作岗位时，他们能够针对所学的微课内容在工作岗位上进行输出。

❑ 1.4.2 定位与价值

如果是为了学习活动、技能、过程和态度的发展而规划和组织微课主题或内容，那么微课需要覆盖三大学习领域，即认知水平、知识储备、岗位技能，并考虑员工的文化背景及其知识结构。需要注意的是，如果企业员工来自不同的文化背景和种族，那么微课主题必须注意文化敏感的内容（跨国、跨种族、跨信仰的企业在这个方面尤其需要重点关注）。

简而言之，企业要选择能够实现企业规划课程体系总体目标的主题或内容。

❑ 1.4.3 实效性

实效性是指微课开发者选择的主题或内容是否贴合业务场景，是否贴合岗位所需，确保主题不过时，不好高骛远。

例如，企业不要将PPT设计与制作作为企业员工需要学习的技能，而应该将如何做工作汇报，如何做销售竞标演示，如何用商务演示打动客户等作为企业员工需要学习的技能。例如，我自主研发的一门课程“商务演示之 Focusky 训练营”不仅可以作为讲授工具来使用，还可以作为介绍商务演示的系统方法论进行实践。

因此，企业需要定期检查微课主题或内容，并在必要时进行内容替换。企业内部应当每年进行一次微课梳理与更新。

企业外部微课专家应遵循微课的当前趋势、相关性和真实性制作微课成品。只有这样，企业的微课开发与设计制作才不会脱离现实，微课内容不会变得枯燥与过时。

❑ 1.4.4 兴趣度

兴趣度适用以员工为中心的课程。如果微课主题或内容对员工有意义，他们对此感兴趣，员工学习效果就会很好。从这个角度来看，企业内部培训师、业务骨干等微课开发者必须通过微课还原在最真实的工作场景中员工所需要学习并掌握的知识与技能。这也解释了许多企业做不到这一点，使企业 E-Learning 平台上的学习数据比较惨淡、热度低的原因。

❑ 1.4.5 有用性

如果员工认为微课主题或内容对他们来说并不重要或者无用，就会导致他们不爱学习。

以下是员工经常提出的问题：我是否需要学习这门课程？这门课程会给我的工作带来什么好处？它会发掘我的潜力吗？它会解决我工作上遇到的问题吗？它是职级晋升考核的一部分吗？如果我学习这门课程，就会有考核通过的标志吗?

通常，员工只会评价微课主题或内容，并且只在对他们有用的情况下才会参与学习。此时，微课的有用性充分地体现出来。

❑ 1.4.6 可学习性

微课主题或内容必须在员工惯用的学习模式内进行。微课内容应该与员工过往的经历或当下正在发生的事实关联。而企业内部培训师应该运用教育心理学的理论来规划微课成品如何呈现、排序和组织，最大限度地提高员工的学习能力。

❑ 1.4.7 可行性

可行性意味着微课主题或内容是完全可以落地执行的。一般来说，企业应该考虑业务线条、专业线条和人才结构等情况。员工必须在允许的时间范围内和有效的学习条件中开展学习活动，企业千万不要给员工一个无法完成的微课主题或内容。

例如，员工只剩下一个星期的时间来完成学习活动，而真实情况是员工完成这些学习活动可能需要一个月的时间。因此，这个要求是不可行的。

如果员工没有上网设备或者没有上网条件，就无法开展线上的学习活动。

另外，可行性还意味着负责这个微课主题或内容开发的人应该是该企业内部在该领域的业务专家。

如果员工销售业绩并不好，企业就不要安排由他（她）来开发销售业绩提升的微课主题。

此外，企业还需要考虑员工的工作性质。微课主题或内容的规划与设计必须符合员工的工作性质。

因此，如果以专业线条为中心来规划微课（具有必须每月认真实施的学习计划）学习的员工应该按照其岗位的专业方向进行分组，否则，许多员工在这个微课所涉及的专业问题上表现得差强人意。

总之，企业内部的学习管理者在设立微课主题或内容时，不但要基于微课开发者团队中每个人的业务与专业，还要将员工的真实需求也纳入进来综合考虑。

在微课课程体系规划方面，企业要充分考虑企业的年度战略规划、业务重点发展方向和人才梯队结构。当然，最重要的是企业管理者对员工能力素质上的诉求与期望将会直接影响微课课程体系所涉及的点、线、面。

经过多年在企业内部的实践，我认为上述七个标准是企业内部学习管理者在设立微课主题或内容时必须考虑的因素。

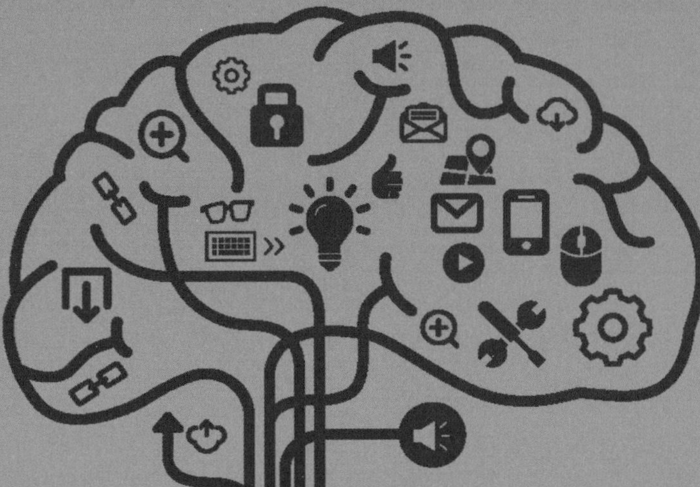

开发微课是策划与实施微课项目的重中之重。它关乎微课内容的质量。从教育行业来看，教育有两个关键要素：一是环境的力量；二是课程内容质量与师资。从这个角度来说，开发微课需要有科学专业的教学内容和雄厚的师资力量。

我与培训经理的对话

张经理：汪老师，我们的微课项目马上要启动了，请问如何设计与实施课程内容呢？

汪老师：微课项目在实施环节中比较核心的内容包括：一是开发微课；二是设计微课；三是制作微课。首要任务是开发微课，而科学专业的微课开发课程必须遵循配套的微课开发方法论来进行讲授与引导。

2.1 确定微课主题

在确定微课主题前，微课开发者首先要了解企业内部的微课主题究竟是从哪里获得的。

2.1.1 微课主题

企业在招聘任何一个岗位的候选人时都会涉及一个概念——职位描述（Job Description，JD），也称为“岗位职责”。表 2-1 为某企业销售岗位职责示例。

表 2-1　某企业销售岗位职责示例

序　　号	销售岗位职责
1	根据公司及部门销售任务开展销售工作，完成各项销售指标
2	对现有市场和客户进行分析，挖掘客户的潜在需求，引导相关客户的现有需求，达成销售目标
3	根据客户需求的特点，为客户提供最优产品解决方案
4	负责与客户之间的商务谈判，建立客户关系，提高合同额和利润率
5	负责协调各类内部、外部资源，解决在项目实施过程中出现的问题，提高客户满意度
6	负责对销售回款过程的监控和执行，提高回款率
7	通过客户回访，了解客户需求及潜在需求，以提高客户满意度，促成客户二次开发
8	上级领导交代的其他工作事项

大家对岗位职责并不陌生，但是一直以来被大家甚至专业的人力资源管理从业者所忽略的是对岗位职责的拆分，并且对其拆分至足够细的颗粒度。在企业每个岗位（职位）的背后就是它的岗位职责，而在某个岗位职责的下面包含多个工作任务。以销售岗位职责中第一项职责——“根据公司及部门销售任务开展销售工作，完成各项销售指标”为例来进行拆分。

这项岗位职责至少可以拆分出以下三大工作任务：拆解并获取销售任务；根据销售任务开展销售工作；销售指标的达成。

大家拆分到工作任务就可以了吗？当然不行，还要往下拆分。从工作任务再往下拆分就是工作场景。同样，以工作任务中第一条——“拆解并获取销售任务”为例来进行拆分。

这项工作任务可以拆分出以下三个工作场景：获取公司及部门销售任务；分析并拆解公司及部门销售任务；获取自己的销售任务。

由此，便找到了微课主题的出处，即工作场景的名称就是微课主题。当然，工作任务也可以作为微课主题，具体要看工作任务的复杂度。工作任务很简单，也可以作为微课主题；工作任务相对复杂，拆分到工作场景再作为微课主题更好，毕竟微课内容的播放时长只有 7 ~ 15 分钟。

2.1.2 微课内容

如果是为了确定微课主题，拆分到工作场景就可以了。如果员工想更深入地了解微课主题，就继续往下进行拆分。

工作场景到底是什么呢？通俗地讲，工作场景其实就是员工每天在工作中做的一件事情。这件事情可大可小，可复杂也可简单。当员工去做一件事情时，核心是员工的行为和动作，或者说是员工做一件事情的步骤。

如果要对员工行为和动作再往下拆分，结果就会怎样呢？

行为和动作的内核就是微课内容的主体，也是人们通常所说的“知识与技能”。请各位读者想一想：“知识与技能还能再往下拆分吗？”答案是肯定的。此处不再赘述，本书后续章节会从另一个角度进行讲解。

2.1.3 知识型微课

微课主题来源对岗位职责进行拆分后的工作任务或工作场景。但这是全部微课主题的来源吗？答案是否定的，还有其他来源可以获得并确定微课主题。最常见的类型就是知识型微课。通常，知识型微课讲授一个概念及几个知识点，下面以具体的实例进行说明。

讲述“培训管理体系”概念

一、课程导入

首先，“培训管理体系”概念阐述的全部内容是通过广泛收集和听取各方关于企业内外部培训在工作实践过程中积累的理论与应用经验而形成的综合表述。

其次，企业在不同发展阶段，针对不同业务线条下各个层级的管理者及员工，在开展培训管理过程中高度契合企业发展战略、人才梯队建设、员工发展诉求，对企业内外部培训的目标设计、过程管控、实施效果、应用评价等环节进行精心布局及落地，从而有效地支撑企业生存与发展的需要。

最后，这些内容将为企业内部学习管理者在针对企业发展过程中的中短期阶段目标的实现，对各个业务线条的培训需求进行调研、收集与归纳，帮助企业制订中长期目标、年度培训计划等提供坚实有效的指导与践行方案。

二、课程目录

课程目录包括概念说明、认知误区、内容框架、落地方针和评估反馈等模块，如图 2-1 所示。

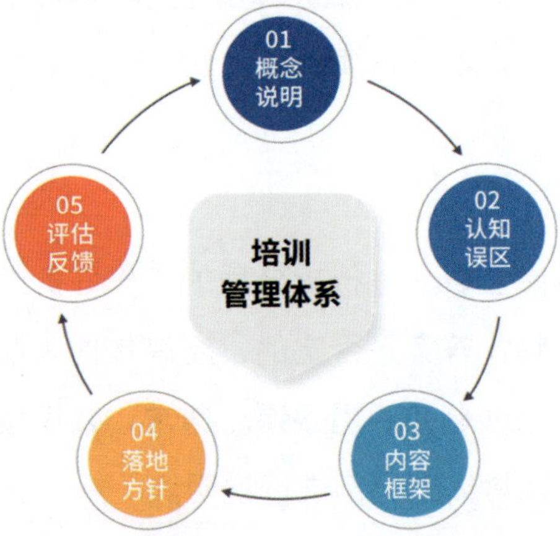

图 2-1　培训管理体系——课程目录

三、课程内容

1. 概念说明

（1）培训需求调研。通常，培训需求来源三个维度：战略层面、业务层面以及员工层面。企业制订的培训需求计划，可以分为长期规划、中短期规划和年度计划。企业培训需求调研主要聚焦年度计划，其调研的关键点是业务发展目标与员工在知识与技能、认知水平等层面的差距。企业可以通过问卷调研、访谈、专家研讨等形式来获取培训需求信息，同时配合培训预算及培训需求优先等级来对培训需求信息进行整理和归纳。

（2）培训需求诊断。培训负责人在整理和归纳培训需求信息后，需要对培训需求进行内容真实性与迫切性的诊断。此时，培训负责人只需要根据培训需求信息提出三个问题来进行甄别：一是它的来源是否可靠；二是它是否符合企业业务发展目标的诉求；三是它是否真实反映企业员工的现状。如果以上问题的答案均是肯定的，培训需求就是企业内部学习管理者需要认真对待的，然后再对其进行重要性与紧急程度的排序。这样筛选出来的培训需求可以进入培训项目设计环节，由此完成了培训需求的诊断。

2. 认知误区

企业在搭建培训管理体系的过程中，应充分考虑企业所在行业的特性及自身商业模式的设计与实现的途径，避免因专业认知水平的差异出现以下常见的误区。

（1）盲目追求培训开展的次数及课程数量，忽略了培训实施的质量以及培训课程与企业现状的契合度。

（2）忽略了员工在日常工作中的真实需求，采用狂轰滥炸的方式给予员工过多的培训，漠视员工的学习兴趣。

（3）欠缺在培训实施过程中必要的流程设计与硬件设施的搭建及维护，使得在培训过程中发生断档、课程中断、硬件设备设施故障等事故。

（4）对培训实施后的员工满意度评估过于粗放与片面，忽视了员工后期实践的效果以及对业务发展的贡献度。

（5）培训实施档期规划不合理，使得员工参与率降低、培训效率低下、获得感较差。

（6）缺乏培训实施后的跟踪与反馈，如有人认为培训课程实施完毕后整个培训就结束了。

（7）单次培训项目脱离了年度培训计划、中短期培训规划，培训项目的开展没有做到以点牵线、以线盖面的顶层设计与布局。

3. 内容框架

（1）培训需求调研。具体内容包括：问卷调研；访谈；专家研讨；质性研究。

（2）培训项目设计。具体内容包括：培训主题；项目框架；课程体系；授课形式；课程内容；师资队伍；培训对象。

（3）培训实施与管理。具体内容包括：教学设计与管理；师资与档期管理；班级建设与管理；后勤保障与管理。

（4）效果评估与反馈。具体内容包括：学员感知层面；知识与技能层面；态度与行为层面；绩效改进层面。

4. 落地方针

（1）注重流程管理与优化——搭建并完善企业内部的培训管理流程。

企业要想获得预期的培训活动目标与效果，就必须有一套符合自身组织文化与基因的培训管理流程。这个培训管理流程覆盖了从培训项目立项、需求调研、项目设计、项目实施、节点把控、要点追踪、课程内容与质量、评估与反馈、应用实践等全方位立体化管理内容。其中，包含了很多需要进行细节确认的工作，如课程讲师的履历、授课风格，以及课程内容的更新时效、匹配度等，甚至对第三方咨询与培训机构的企业资质、服务交付质量、客户成功案例等方面均要进行细致周密的考量。

优化企业内部的培训管理流程，就是培训负责人要弄清楚每个节点的潜在问题、分析思路、解决办法、各流程节点之间如何进行高效无缝的衔接，从而使其成为企业内部开展培训活动的指导方针与制度保障。

（2）搭建企业智库——企业内部搭建工作经验的传承机制，为企业内部人才培养“插上翅膀”。

企业开展培训活动最迫切的目的与需求是维持企业绝大部分核心业务的稳定运行与持续改进。由此，企业确立对人才队伍的培养目标与内容，使企业员工具备维持当下优势的工作经验并发展其应对未知挑战与难题的工作能力，以达到因企业经营与发展的诉求所呈现出来对全体员工能力素质的需要。

能够经受住市场考验并获得生存与发展能力的企业内部都有一批核心的管理者与业务骨干。这些核心员工都是在企业内部拥有最佳实践经验的实践者、发展者和传承者。但是很多企业并没有对此引起足够的重视，尤其是当企业处于快速复制与扩张的关键时期时，如果企业没有将这些核心员工所拥有的知识资产清晰地记录下来并进行持续优化，那些新扩张的员工队伍就无法快速适应企业的业务核心与企业发展步调，很容易造成企业管理混乱与业务流程之间的壁垒及矛盾。

因此，企业迫切地需要建立企业内部知识与技能传承机制，形成一种制度文化，促使所有员工都积极分享与贡献自己的知识经验，在分享知识经验的同时也是不断复盘与优化自身经验的过程。要想实现这一目标，企业必须规范员工的权利与义务，协助员工进行工作经验的萃取，帮助员工提高总结与归纳的能力，并在制度上将企业内部经验传承的档期、途径、成果形式以及应用范围规范化。最终，企业内部所有核心员工的知识资产在企业经营与发展过程中逐渐积淀下来，随着市场环境的变化、消费者偏好的变化、产品线的改造与产品迭代升级，从而让企业内部的知识智库越来越充盈。这样就保证了企业能够实现人才队伍建设、传承与发展、蜕变等目标，而企业从优秀到卓越的路径也将变得更加坚实而宽广。

（3）设立激励机制——完善并扩展培训管理部门的职能，为企业人力资源管理系统赋予更强的业务开展能力。

企业员工都是需要被激励的，而激励应该时刻都在发生、企业在不同的业务场景、不同的管理情境、不同的时段都需要用激励机制来促使员工更加努力地工作并勇于向未来进行挑战。

作为企业培训管理部门，必须将培训落实为一种员工激励的手段及途径，通过搭建企业内部员工培训管理体系在制度实施上、在文化氛围上、在行为准则上、在业绩成果上全面而系统地落实员工培训的前期、中期及后期的激励举措。人们最期待看到的是企业内外部的培训活动成为所有员工渴望参加的活动，是所有员工升职加薪的必经之路。只有这样，培训活动才能获得在企业内部良好的运作机制与实施成效，这也是所有企业学习管理者孜孜不倦所追求的目标。

5. 评估反馈

（1）评估过程。

① 前期调研是企业实施内外部培训活动的开始，从组织现状的诊断、战略目标、业务发展诉求等作为出发点，针对企业员工在知识与技能、认知水平、工作态度等方面进行全方位需求评估，从而确立培训活动开展的一系列计划及内容。

② 中期评估是企业实施内外部培训活动在即将开始前及进行过程中的评估。它是针对某个培训项目的目标、框架、内容、实施档期等环节的评估与设计，并追踪到培训实施过程中每个环节的执行成效。中期评估有利于在

培训实施过程中的机动调整与再设计、再实施。

③ 后期追踪。这个流程环节主要集中于企业内外部培训活动实施后的阶段，即从培训活动接近尾声时便着手实施。后期追踪是对当期开展的培训活动进行全面而系统的评估，其主要作用包括：一是评估培训活动结束时的即时效果；二是评估培训活动结束后员工返岗后的行为与绩效表现；三是便于为未来或下一次企业培训活动顺利开展做全流程改进与优化。

（2）评估方法。

① 评估的维度。通常，企业评估培训活动一般采用柯式四级评估，即感知层面、知识与技能层面、行为层面和绩效层面四个层级。这四个层级的评估可以有效地评估培训活动的实施效果。

② 评估的方法。从企业开展一场培训活动的中短期评估来看，目前柯式四级评估仍然是一种较好的理论方法与实践指导。当企业开展柯式四级评估中的第一层级感知层面评估时，可以从培训活动过程中开始实施，企业通过询问、访谈、交流会、问卷调查等形式来获得员工对培训活动在感知层面的调查数据。而第二层级知识与技能层面的评估可以通过书面考试、技能鉴定考核、岗位竞赛等形式来对员工在参加培训活动后所获得的知识与技能进行全面评估。在实际情况中，绝大部分的企业在开展培训评估时均做到了以上两个层级，对第三层级和第四层级的评估往往有心无力。其实，企业在开展第三层级行为层面评估时，可以采用360度行为调查法，即对参加过培训的员工周围同事、上级领导、下属等进行匿名问卷调查或面对面访谈便可以轻松获得员工在行为层面的调研数据。不得不承认，企业在开展第四层级绩效层面评估时难度是最大的。因为员工在参加培训后的绩效表现可能与培训活动无关，所以当企业开展第四层级的评估时，企业需要与参加培养活动的员工直属领导沟通确认绩效考核指标发生的调整与改变，并观察员工在执行

绩效考核指标所面临困难与挑战时的具体表现。

③ 数据的整理。这是培训活动评估开展后实施成效的核心环节，必须严格遵循调研数据收集与整理的科学、专业、严谨等原则，并对收集后的真实调研数据进行整理和优化。具体来说，第一层级员工感知层面的调研数据收集后可以进行关键词的归纳与权重占比分析，并形成关键词——热力图。第二级层级知识与技能层面的考核数据除总分外，一定还要有针对知识与技能考核分类模块的分数进行整理与分析，最终形成考核分类模块的成绩分布图与对比图。

（3）反馈路径。

① 撰写评估报告。评估报告主要由五个部分组成：一是培训活动的概况，包括培训的主题、档期、地点、参加人员、时长、师资等；二是培训活动内容的介绍，包括日程安排表、课程及活动内容、师资介绍、流程设计、教学设计等；三是培训活动记录，包括培训活动现场及前期、中期、后期的音视频和照片等记录材料的展示；四是培训活动的效果评估数据，包括满意度评估表及数据、员工考核成绩、后期学习与实践计划表等；五是培训活动改进计划，通过对培训评估数据进行分析，得出培训活动实施效果的优劣势分析与总结，最终形成为未来或下一次企业培训活动顺利开展做的改进计划。

② 追踪反馈。培训负责人根据评估报告进行详细的落地执行方案，并及时上报直属领导与分管高层领导获得培训活动实施后的效果追踪与反馈，分别从组织、业务部门、人力资源管理、员工等层面全方位落实企业培训活动常态化运行机制及追踪反馈机制，真正让企业内外部培训活动助力企业的中长期、短期、即时的业务发展需要及达成员工在能力素质层面的诉求。

其实，这个知识型微课案例的内容就是微课的内容脚本。它是在人们开发微课时产出的主流形式。人们根据此内容来设计微课，撰写微课台词，从而进入微课制作环节。

2.1.4 技能型微课

技能型微课，通常聚焦员工的岗位工作，它是指员工需要动手去做的一些工作事件，并且在完成这些工作事件的过程中存在比较显性化的行为，而这些行为都是可以定量或定性的。前文以销售岗位职责为例进行了微课主题来源的拆分，然后再拆分一个业务（专业）条线的微课主题。下面以某电信分公司渠道经理岗位职责为例进行说明。

某电信公司渠道经理岗位职责中的一条：渠道规划建设、拓展与优化。

对该条岗位职责进行拆分至工作任务层级，具体内容如下：

（1）评估商家经营、业务承载能力。

（2）门店选址。

（3）门店兴建上报（工号、专线等）。

（4）门店人员配置评估。

（5）盲区补点，效能评估（对效能较差门店进行撤店或者帮扶，对留存门店效益比较好的门店进行续签）。

从拆分出来的工作任务中选取一条作为微课主题，如门店人员配置评估。

在这里，需要解释一下，前文举例的销售岗位职责是拆分至工作场景层级来确定微课主题的，但在现实中很多岗位职责拆分到工作任务层级就已经不复杂了，因此没必要再拆分到工作场景层级，而是在工作任务层级就其中一条确定为微课主题。

2.1.5 确定微课主题的两项原则

在最终确定为微课主题之前，有以下两项原则需要遵守。

1. 从微课主题层面来看，微课主题需要满足三个条件

（1）高频。微课主题所定位的内容是员工胜任某个工作岗位所必备的理论知识。

（2）重要。从岗位胜任的角度出发，微课主题所涵盖的内容对岗位上的工作人员来说，其非常重要。如果员工不掌握微课主题所涵盖的内容，就很难胜任核心岗位。

（3）易错。在执行某项工作任务或工作场景时，很多员工经常出错，尤其是新员工必然会出错。这样的工作任务或工作场景就是非常好的微课主题。

2. 从组织层面来看，微课主题需要满足三个条件

（1）组织需要。从组织需要的角度来说，主要从两个方面来理解：一是组织人才梯队建设与培养课程体系的需要。在培养人才梯队中关键岗位的关键人才，必然要匹配到人才核心能力素质的关键因素，而这些因素既是个人需要，也是组织需要。二是团队整体绩效提升的需要。通常，团队的构成要么是为了丰富团队所在业务线条的业务宽度和深度，要么是为了同一个业绩目标进行分工协作。无论是哪种形式，团队都存在整体绩效目标及其指标。因此，团队要思考并发现哪些因素影响团队整体绩效目标的实现，而这些因素便是微课主题的“灵魂”。

（2）员工需要。从员工需要的角度来说，微课主题主要覆盖三个区域：一是员工所在岗位核心能力素质的学习与发展；二是员工自身能力短板的补充或长板的加强；三是员工的兴趣爱好，想要学习与实践的方向与内容。这三个区域都可以作为衡量微课主题的因素。

（3）标杆擅长。这个层面是最容易理解的，即前期企业在规划微课课程体系时所选拔出来的微课开发者。在正式确定微课主题时，仍然要同微课开发者进行商榷以明确选定的微课主题究竟是不是他最擅长的工作任务或工作场景。

基于上述两大原则来确定微课主题使这项工作变得不再困难。当然，能够满足两大原则中的所有条件是非常困难的。如果能够满足一半以上的条件，微课主题便可以基本确定了。另外，如果企业规模比较大，员工人员比较多，在确定微课主题时就尽可能让主题及其内容的受众人群多一些。

2.2 执行微课开发

确定好微课主题后，企业便可以开始进行微课内容的开发了。简单来说，微课内容就是知识与技能。

我与培训经理的对话

张经理：汪老师，等到微课内容开发出来就直接可以制作成微课成品吗？还需要有其他的动作吗？

汪老师：微课内容开发出来以后是不能立刻使用的。微课就像你去制作一件物品一样，刚开始出来的样子只是一个粗糙的原型，还需要经过多道工序的打磨才能出品，进而发挥它的价值。微课也一样，必须经过多个环节来进行优化与升级才能保障其品质。

张经理：汪老师，请问如何进行微课优化与升级呢？

汪老师：针对刚开发出来的微课内容进行优化与升级主要分三个步骤来完成：一是优化结构；二是升级内容；三是视觉传化。

❑ 2.2.1 微课结构

简单来说，微课结构分为三级目录：一级目录是微课主题；二级目录是微课主题下的几部分内容；三级目录是知识与技能。微课结构如同大家都熟悉的金字塔结构。微课的金字塔结构，如图 2-2 所示。

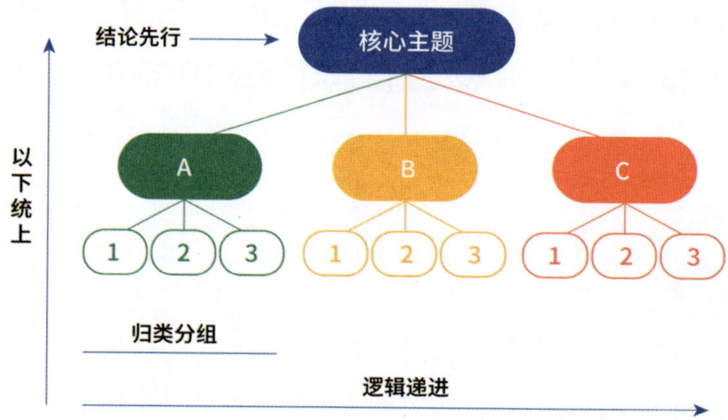

图 2-2 微课的金字塔结构

由图可知：

首先，微课主题一定是基于微课内容的高度总结归纳，代表整篇微课内容最终的一个结论。

其次，二级目录 A、B、C 三部分是分别对下方三个内容的小结。

最后，三级目录，也就是知识与技能部分，能够完整支撑一级目录，并且按照一定的逻辑进行演进。

❑ 2.2.2 微课内容的开发

下面以拍摄培训班合影为例介绍微课内容的开发过程。

拍摄培训班合影

1. 拍摄前

（1）合影人数先知道。

（2）时间地点早确定。

（3）人员背景要了解。

（4）场地设备早准备。

（5）相机功能先调试。

2. 拍摄中

（1）引导学员到场地。

（2）设计队形列好队。

（3）架好相机试拍照。

（4）讲明口号摆姿势。

（5）执行拍摄来三张。

3. 拍摄后

（1）引导离场要有序。

（2）导出照片选三张。

（3）美化照片加字幕。

（4）发送合影到邮箱。

（5）冲洗要求讲清楚。

（6）发放合影无遗漏。

2.2.3 微课开发的方法论

微课开发的方法论可以分为以下四个步骤［这里应用的是组织经验萃取技术，参考王兴权于2018年1月出版的著作《萃取技术（模型篇）》］。

1. 步骤一：起点

起点就是做事情起始的关键步骤。

例如，一名男士准备星期六的早晨给爱人做一顿爱心早餐。那么，起点是什么呢？有人说是先定好星期六早上的闹钟，还有人说是先起床。其实这些准备步骤都太靠前了。

要给爱人做一顿爱心早餐，第一步应该是准备食材。“巧妇难为无米之炊”，没有食材，就无法做早餐。因此，准备食材就是做爱心早餐必备的、不可或缺的起点。那么，拍摄培训班合影的起点就是“合影人数先知道”。

2. 步骤二：终点

做爱心早餐的终点是什么呢？有人说是“端上床”，还有人说是叫爱人起床。这里就涉及人对终点的不同理解了。大家认真想一想，主题是做爱心早餐，关于吃的部分肯定超出了范围。因此，做爱心早餐的终点是将爱心早餐盛盘（或装入器皿）。而以拍摄培训班合影为例，其终点就是“发放合影无遗漏”。

3. 步骤三：中间步骤

中间步骤是指从起点到终点之前的步骤。以拍摄培训班合影为例，中间一共包含了 14 个步骤。

拍摄培训班合影

起点：合影人数先知道。

中间步骤：（1）时间地点早确定。

（2）人员背景要了解。

（3）场地设备早准备。

（4）相机功能先调试。

（5）引导学员到场地。

（6）设计队形列好队。

（7）架好相机试拍照。

（8）讲明口号摆姿势。

（9）执行拍摄来三张。

（10）引导离场要有序。

（11）导出照片选三张。

（12）美化照片加字幕。

（13）发送合影到邮箱。

（14）冲洗要求讲清楚。

终点：发放合影无遗漏。

步骤四：重点/难点

为什么要找到重点/难点呢？因为有一些知识与技能在获得上存在困难，即称为“习得性障碍”的部分。人们把它标注出来有利于对微课内容的质量进行把控与提升。

同样，以拍摄培训班合影为例，其重点和难点如下：

拍摄培训班合影

（1）合影人数先知道。（重点）

（2）设计队形列好队。（重点）

（3）架好相机试拍照。（难点）

从该案例中，人们可知悉重点与难点标注的偏好与标准。如果缺失这一步骤或者没有做好这一步骤的工作对整体工作成果质量会很大的影响，这一步骤便是执行该项工作的重点。从案例中，人们可以发现，“合影人数先知道”是第一个重点。因为组织者如果不知道合影人数，就无法确定合影的场地及需要做的准备工作。第二个重点是“设计队形列好队”。试想一下，如果拍摄培训合影的现场没有人来引导大家列好一个美观得体的队形，那么拍摄出来的相片效果必然是不佳的。这就直接导致拍摄培训班合影这件事没做好，因此这一步也是重点。那么，为什么要把“架好相机试拍照”作为难点呢？通常，拍摄者要使用专业的摄影器材进行拍摄活动，而这些专业的摄影器材操作起来非常复杂。对新手来说，这是一件有困难的事情，新手需要事先深入学习专业摄影器材操作相关的知识与技能并进行实践，否则在拍摄现场可能因天气、环境、学员等各种原因导致拍摄出的照片不美观甚至拍摄失败，所以这一步骤是执行该项工作的难点。

2.3 优化微课内容

微课二级目录开发出来以后，一定要执行微课内容的优化。一方面，可以提高微课内容精炼程度；另一方面，可以帮助学习微课内容的人更好地去记忆。

2.3.1 微课目录优化案例

以下是两个经过优化加工后的微课二级目录案例。

汽车维修技巧之“启动困难篇”（一）

油泵燃油压力低，不能保持残压力。

高压火弱难启动，混合过浓或过稀。

过稀试用化清剂，过浓油门踩到底。

冷车启动喷油少，启动信号无加浓。

水温气温传感器，进气歧管漏空气。

冷车启动喷油器，废气循环乱进气。
进气通道积炭里，气门黏滞缸压低。
怠速马达喷油器，节气门体要清洗。
油嘴泄露会过浓，正时不准可不行。
轻踩油门轻易发，检查怠速控制阀。
全踩油门可启动，应是过浓非过稀。
若是启动又熄火，点火开关流量计。
油泵开关继电器，进气通道漏空气。
点火反馈信号无，大众防盗未解除。

汽车维修技巧之“怠速不稳检查篇”（二）

排气突突引擎都，缸不工作是常有。
断火断油试验证，查完点火查喷油。
真空漏气管插错，一一检查莫放过。
点火正时不准确，废气循环乱工作。
节气门体怠速阀，清洗调整设定它。
看看有无调节器，闭环工作好不好。
故障码来数据流，为其测量细分析。
汽缸压力若过低，气门缸垫活塞环。
配气正时记号错，气门间隙小和无。
弹簧过软积炭多，气门发卡回位慢。
可变配气正时阀，机油过脏可发卡。
平衡机来机脚垫，检查校对视情换。

汽修工“小白”，只要将上述两段汽车维修的口诀背诵下来，再不断进行实践与总结，很快就会掌握“汽车发动机启动”和“怠速不稳”两种情形下的检修技能。

2.3.2 微课目录优化的三个口诀

通过以上两个案例，大家对如何优化微课内容中的二级目录有了初步的认识，那么具体如何来做呢？请记住微课目录优化的三个口诀，即要字口诀、重字口诀、韵字口诀。

1. 要字口诀

“要字口诀”是从二级目录内容中的每句里找出一个关键词，而这个关键词是全句的核心要点。

【范例一】陌生拜访。

（1）问：问清客户信息。

（2）搭：搭建客户关系。

（3）听：听取客户需求。

（4）解：解决客户疑惑。

“范例一”是销售人员在进行陌生拜访时所采用的技巧，采用四个精炼步骤便可以稳妥地搞定销售的这一环节。而每个步骤都提取了一个关键词，分别为问、搭、听、解。

【范例二】“微信”介绍博弈保本产品。

（1）编辑：编辑微信重要信息。

（2）筛选：筛选客户财富等级。

（3）发送：发送产品至于客户。

（4）提出：提出相关产品疑问。

（5）排除：排除关键产品疑虑。

（6）确定：确定转入资金购买。

“范例二”是银行客户经理在进行理财产品微信营销时所采用的技巧，

一共六个步骤。同理，每个步骤中也都提取了一个关键词，分别为编辑、筛选、发送、提出、排除、确定。

以上两个范例均采用要字口诀形式来进行微课二级目录内容优化与提炼，即将每句中的核心要点提到前面，以便人们朗读起来顺口且便于记忆。

2. 重字口诀

重字口诀是微课二级目录内容优化与提炼的方式之一，并且应用范围非常广，大部分微课二级目录都可以优化为这种口诀形式。

【范例三】“三铁六律”。

（1）未经培训不上岗。

（2）防护用品不能忘。

（3）不明机具不使用。

（4）未知区域不擅闯。

（5）防护缺失不作业。

（6）遵守指令不违章。

人们可以从“范例三”中发现，每句相同的位置都有一个相同的字在重复，这个字就是“不”字。正是有了这个重复的“不”字，这种内容优化与提炼的口诀称为“重字口诀”。

【范例四】邀约拜访。

（1）面见客户必要性。

（2）分析市场可行性。

（3）推荐产品精确性。

（4）介绍产品特殊性。

（5）跟进客户及时性。

（6）感谢客户重要性。

“范例四”是一名销售人员在找到潜在客户后进行邀约拜访时所采用的技巧，一共六个步骤。每个步骤中重复的字为句尾的“性”字，即六个“性”。

简单来说，“重字口诀”是找出每句中的修饰词，然后对这个修饰词进行进一步优化与提炼，使之拥有相同的一个字在句子中相同的位置进行重复。

3. 韵字口诀

“韵字口诀”是最具有民间基础和普及性的一种口诀。中国自古不仅有“七言律诗”“五言绝句”，还有大量民间的“打油诗”。这些诗和“韵字口诀”都是相通的，即微课二级目录内容读起来朗朗上口，非常押韵。

【范例五】员工离职风险防范。

（1）离职意向发现早。

（2）法律条文知多少。

（3）离职手续办理好。

“范例五”是人力资源从业者在面临员工离职时所掌握的操作规范与技巧，以防止用工风险的发生。其押韵的关键字分别位于句尾的“早”“少”“好”三个字。

【范例六】“萃取师”的五大能力。

（1）主题场景要拆好。

（2）经验萃取要多搞。

（3）口诀优化要做少。

（4）转化工具要做巧。

（5）成果应用要趁早。

“范例六”是组织经验萃取技术领域里核心角色——“萃取师”的五大

能力范畴与具体内容。同样是对每句最后一个字进行押韵，即好、搞、少、巧、早五个字。

“要字口诀”“重字口诀”“韵字口诀”是人们对微课二级目录内容进行优化和提炼常用的方式，也是有效的方式。

2.4 转化微课内容

在完成对微课二级目录内容的优化以后，人们就要将目光投向微课三级目录了。人们需要对微课三级目录核心的、关键的内容进行二次创作。这也是下文将要探讨与挖掘的关键点，即矩阵、表单、公式。

2.4.1 微课内容转化——矩阵

矩阵是一款历史悠久且应用十分广泛的工具。人们在工作和生活中经常使用矩阵分析问题，如“SWOT”分析矩阵。人们可以很好地应用“SWOT分析矩阵”在很多行业中，用于分析多层面出现的问题。例如，星巴克就曾用“SWOT”分析矩阵来做企业经营战略调整的研究与分析。

星巴克“SWOT”分析矩阵

- 优势——星巴克集团的盈利能力很强。
- 劣势——星巴克以产品的不断改良与创新而闻名（可以理解为产品线的不稳定）。
- 机会——新产品与服务的推出，如在展会销售咖啡。
- 威胁——咖啡和奶制品成本的上升。

星巴克用“SWOT”分析矩阵优化和精炼上述内容，如图 2-3 所示。

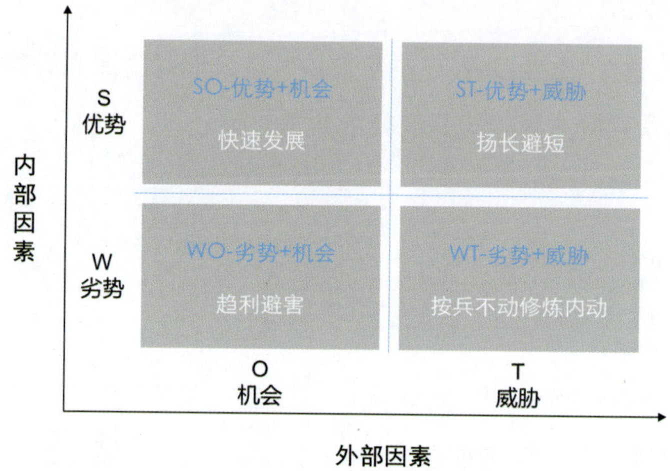

图 2-3　星巴克“SWOT”分析矩阵

又如，驾驶行为分析与建筑设计分析，分别如图 2-4 和图 2-5 所示。

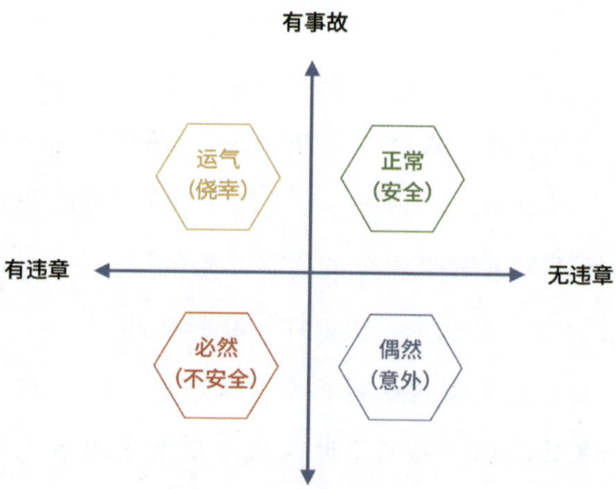

图 2-4　驾驶行为分析

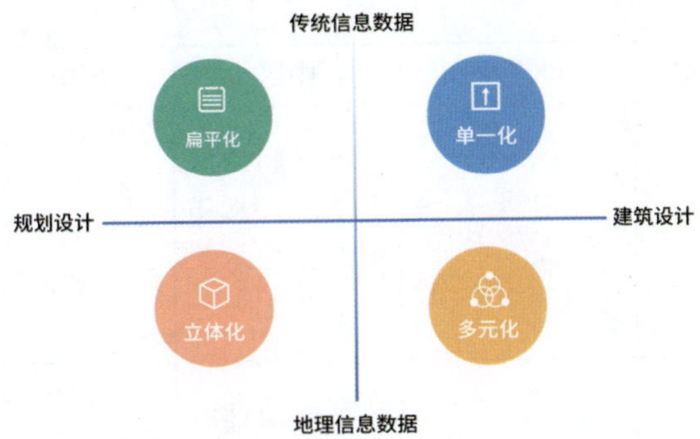

图 2-5　建筑设计分析

这两张矩阵图都是在“5D 微课”课堂上由企业员工亲自创作出来的成果，他们正是通过矩阵形式进一步将微课内容进行优化和提炼。

2.4.2　微课内容转化——表单

表单是人们对微课内容进行优化的第二种方式。

在工作和生活中，人们经常用表单工具进行各类辅助性工作任务的完成及目标的达成。常见的表单，如绩效考核评价表，是组织内部对各级管理者与员工进行绩效考核评价的工具之一。通过这张绩效考核评价表，人力资源管理部门可以统计出组织内部全员的绩效考核成绩，从而为财务部门发放全员的工资或奖金提供依据。

表 2-2、表 2-3 分别是微课内容优化的表单案例。

表 2-2　2018 年专业技术职务各档次评审工作表

学历	技术员级	助理级	中级	高级	正高级
博士	—	—	考察认证	取得中级资格后，从事本专业技术工作 5 年及以上	

续表

类别	技术员级	助理级	中级	高级	正高级
硕士	—	见习期满，考察认证	取得助理级资格后，从事本专业技术工作2年及以上	取得中级资格后，从事本专业技术工作5年及以上	本科及以上学历，同时取得高级资格后，从事本专业技术工作10年及以上
本科	—	见习期满，考察认证	取得助理级资格后，从事本专业技术工作4年及以上	取得中级资格后，从事本专业技术工作5年及以上	
大专	见习期满，考察认证	任员级专业技术职务2年及以上	取得助理级资格后，从事本专业技术工作4年及以上	从事本专业技术工作15年以上，同时担任中级职务5年以上	
中专	见习期满，考察认证	任员级专业技术职务4年及以上	取得助理级资格后，从事本专业技术工作6年及以上	从事本专业技术工作20年以上，同时担任中级职务5年以上	

表 2-3　手机营业厅十大聚客方式

主题方式	具体说明
特价	直接在商品的现有价格基础上进行打折，如全场手机五折起，终端直降××元
优惠券/代金券	优惠券是手机营业厅对客户购买行为的一种奖励手段，如购千元以上手机送100元代金券等

续表

主题方式	具体说明
赠品	赠送可以是同种商品，也可以是不同的商品或者物品，目的是让客户觉得超值、划算，如购手机送话费、购手机送耳机、办宽带送路由器等
回扣	手机营业厅给客户的“回扣”并不是在客户在购买商品当时兑现，而是通过一定步骤才能完成的，如购买特定号卡可返现 20 元，前提是客户须在朋友圈转发购卡地点等
抽奖	客户通过购买我司产品而获得抽奖资格，如充值话费 50 元以上可抽奖一次、100%中奖等
竞赛	融入感性与参与性为一体的促销活动，由比赛来突显主题或介绍商品，如喝啤酒比赛、拍照美颜 PS 比赛、手机贴膜比赛等
玩游戏	寓意双关的游戏促销，如“CS 精英赛”“王者荣耀”等游戏比赛
拍卖商品	如每日 15:00 拍卖店中配件或滞销手机（前提是做好提前宣传）
免费试用	如宽带免费体验，让用户体验网速

以上均为人们在微课内容优化过程中常用的表单。表单既丰富了微课内容，也为人们应用微课成品提供学习实践的指引。这也是微课开发者在开发任何一门微课时必须衡量的一个维度。微课内容除有知识与技能的传授外，还要有人们在学习微课内容后积极进行实践的路径与方法。

2.4.3 微课内容转化——公式

公式是人们对微课内容进行优化的第三种方式。在各类工作中员工大量应用公式工具。需要说明的是，在微课开发过程中，微课开发者用到的工具既可以是经过专业设计的复杂工具，也可以是个人创作出来的简单工具（不精准但能说明一定程度上工作技能所附带的技巧）。图 2-6、图 2-7 是微课内容优化的公式案例。

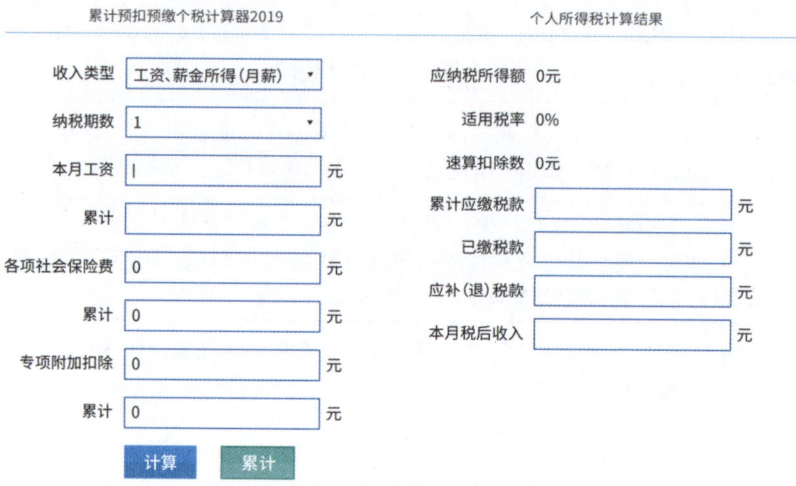

图 2-6　个税计算器（2019 版）

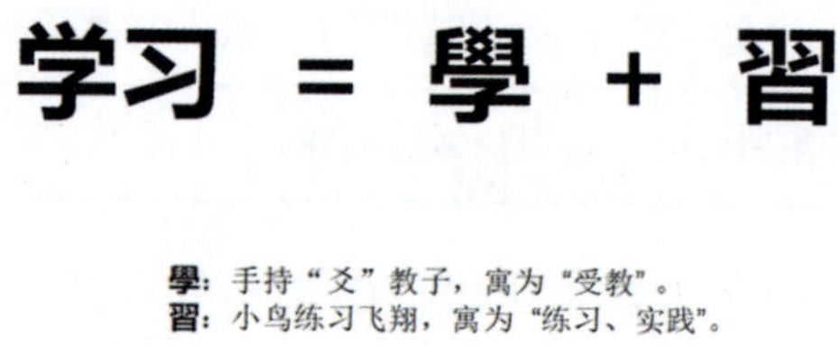

图 2-7　关于“学习”的解释

图 2-7 更偏向于寓意解释，采用公式的格式来表达观点。

2.5 撰写微课脚本

下文仍然以“拍摄培训班合影”为例，介绍如何撰写微课脚本。

人们将“拍摄培训班合影”确定为微课主题后，随即进行二级目录内容的创作和优化。在真正撰写微课内容脚本时，人们应该如何操作呢？此时，人们需要将微课二级目录下的具体内容按照事件的步骤和方法技巧进行详细讲述。

❑ 2.5.1 微课脚本案例一

“拍摄培训班合影”二级目录内容脚本如下：

1. 拍摄前

（1）合影人数先知道。首先，从参加培训班的学员名单来获知预期的合影人数；其次，从酒店前台学员报到入住的名单来获得具体参加培训学员的数量，还要考虑当天有可能请假不能参加合影的学员；最后，加上可能参加合影的领导和讲师。由此，基本可以确定参加合影人员的数量。

公式：合影人数 =（培训学员名单人数 + 出席领导 + 讲师 + 工作人员）−因各种原因不参加合影的人数

（2）时间地点早确定。在确定合影时间前需要考虑三大因素：天气情况；整体培训时间的节点安排；领导的意见。合影的地点可以根据两个原则来确定：匹配合影人数的场地；学员前往合影时的路途既近又方便。合影人数与地点对照表如表 2-4 所示。

表 2-4　合影人数与地点对照表

合影人数/人	天气状况		
	晴天	雨天	雪天
10～20	教室/大厅	教室/大厅	教室/大厅
20～30	大厅/楼前阶梯	大厅/楼前阶梯	大厅
30～40	楼前阶梯	楼前阶梯	楼前阶梯（扫完雪）
40～60	大门前/标志物前（附合影阶梯架）	等雨停，大门前/标志物前（附合影阶梯架）或取消	建议取消

续表

合影人数/人	天气状况		
	晴天	雨天	雪天
60 人以上	任何能摆下合影阶梯架的地点均可	等雨停，大门前/标志物前（附合影阶梯架）或取消	建议取消

（3）人员背景要了解。例如，参加合影的学员中是否有不宜参加合影的人员，如孕妇、行动不便者、因种族或信仰不能拍照的人。另外，如有领导参加，是否准备座椅；如有多名领导参加，是否要准备座签。

（4）场地设备早准备。通常，合影地点为培训中心第七教学楼大门前、酒店大堂前等，但需要考虑合影数量及有无领导参加的情况，是否准备座椅或站台架子，以及合影地点有无障碍物遮挡或是否影响合影美观的障碍物等。

（5）相机功能先调试。

① 检查相机电池电量是否充足。

② 检查相机功能是否完备。

③ 检查相机内存卡是否有存储空间。

④ 检查相机支架及配件是否完好。

2. 拍摄中

（1）引导学员到场地。首先组织者要提前告知学员合影的场地具体位置，可考虑设置引导标志牌，然后等到合影时间组织者亲自带领学员有序前往合影场地进行等候。

（2）设计队形列好队。首先，根据学员数量来设计队列形式，即站几排坐几排。其次，应安排女士优先站在前排，如站不下，可再安排穿长裤的女士在最前面蹲一排。最后，等队列站好后，组织者需要走到相机拍摄的位置进行观察并确认每位学员面部不被遮挡，如有遮挡可再根据实际情况调整人员的位置，将某人从后排挪到前排，或将某人和某人对调位置等。

补充说明：可以根据培训班的性质和数量设计一些创意型合影队列，如心形、字体形、品牌标志形等。

（3）架好相机试拍照。第一步：拍摄者将相机与支架固定好并挪至合影队列的正前方，可根据合影人数来调整相机与人员的距离。另外，拍摄者还可以通过相机镜头观察是否将所有合影人员都在镜头中，并且在镜头中无其他影响美观的障碍物，通过微调镜头远近来控制像素。

第二步：调节相机支架的水平仪，以确保相机处在水平位置不倾斜。

第三步：试拍一张照片并观察照片质量，同时调试相机的 ISO 感光度、快门速度、曝光补偿等参数，以拍摄出美观的照片为宜。

补充说明：附上单反相机主要参数说明及操作技巧，如表 2-5 所示。

表 2-5　单反相机主要参数说明及操作技巧

类别	详细内容	注意事项
镜头的焦距	在物理中焦距是指透镜中心到平行光聚集点的距离；而在摄影中，焦距是指当对焦在无穷远时，镜头中心到感光器成像平面的距离。因此，拍摄者只要知道镜头的焦距是怎样影响拍摄效果的即可	物理焦距主要取决于相机镜头的焦距长度
快门与光圈	快门：通俗地讲，快门就是按下快门键到拍摄结束之间的时间，也就是进光时间，时间越长，进光越多，照片越亮。具体地讲，就是在按下快门，反光镜翻起，快门叶片打开使感光元件感光，到快门叶片关上，感光元件停止感光，其中，这一段时间间隔叫作“快门速度”，简称快门。1/40 指的是快门速度是四十分之一秒。 光圈：通俗地讲，光圈就是进光口的大小，进光口越大，单位时间进光越多；反之，越小。在镜头内，口径可变的圆形通光孔，这个结构称为“光圈”。 快门与光圈的关系，好比水龙头，在不考虑其他因素下，同一时间（快门一定），大口径的水龙头出水多（大光圈，进光多）。同理，同一口径（光圈一定），时间越长出水越多（快门越慢，进光越多）。	注意：根据不同需求，可自行选择偏暗或偏亮

续表

类别	详细内容	注意事项
快门与光圈	这也解释了为什么有些初学者在使用 M 模式时，照出的照片一片漆黑的原因。因为在设定的光圈和快门下，进光太少，所以亮度极低，甚至看上去是黑的。 使用方法的选择： 大光圈，浅景深，背景虚化。在同等条件下，提高快门速度（多用拍人）； 小光圈，深景深，前后均清晰。在同等条件下，降低快门速度（多用拍大景）	
拍摄模式的选择	拍照前，首先要选择合适的摄影模式，每个单反相机上都有一个圆形的小转盘，这个小转盘上的每一个字母或图形都代表不同的摄影模式，一般 M、A、S、P 是单反相机自带模式，这也是初学者首先要认识且常用的几种摄影模式。 M：手动模式，初学者可以根据需要自行调节快门速度和光圈，一般在时间充足的情况下，选择 M 模式不仅可以感受专业摄影的乐趣，还可以进行特定拍摄。 A：光圈优先自动，初学者选择光圈，系统自动选择快门速度以达到最佳效果。该模式适用于需要经常变动光圈来实现对焦或变动景深的拍摄。 S：快门优先自动，初学者选择快门速度，系统自动选择光圈以达到最佳效果，适用于锁定或模糊动作。 P：程序自动，类似于全自动拍摄，快门速度和光圈均由系统自动调节，以达到最佳的效果，适用于拍摄快照	其他模式是相机设定的各个场景，不同相机提供的场景也有所不同，且并不常用，本文不再一一讲解，建议初学者以 M 模式为主要学习内容
其他参数调节	ISO 感光度：这一功能主要用于辅助曝光。ISO 值越大，感光越高。例如，在室内或者阴天进行拍摄时，光圈和快门调节无法满足正常的曝光，可以通过调节 ISO 来实现增强亮度。但是，ISO 值越高，照片的噪点越多。因此，在比较明亮的室外进行拍摄时，ISO 越低越好，照片拍出来会非常细腻。总之，遵循的原则是 ISO 能低就低，尽量不要调高。建议：晴天，ISO 值为 100 或 200；阴天，ISO 值为 200～800；夜晚手持、抓拍 ISO 值为 1600；上三脚架可用 ISO 值为 100	测光：是机器去判断光的强弱明暗，不同品牌及型号的相机采用的测光方式和类型有所区别

续表

类别	详细内容	注意事项
其他参数调节	WB 白平衡：WB 白平衡的调节可以实现不同场景的色彩还原，不同相机也有不同的图标和参数初学者选择自动就可以，自动识别可以满足正常拍摄	

（4）讲明口号摆姿势。拍摄口号通常为 1、2、3 或 5、6、7，或者企业内部的口号，或者当场设计一个口号能让大家在喊口号的同时面带微笑。拍摄合影的手势可以根据企业员工偏好或现场情况而定，只要能够表现出美观、积极、阳光的一面均可。

（5）执行拍摄来三张。在拍照时，拍摄者需要提前告知大家："我们一起喊 5、6、7，喊 7 的时候我会按下快门，大家准备好 5、6、7，咔（第 1 张）。我们再来一张，大家准备好 5、6、7，咔咔（第 2 张）。……"

注意：此时拍摄者要第一时间打开照片查看一下拍摄效果，如无误，告知大家可以散场了；如果发现照片拍得不好，拍摄者可以告诉大家再补拍一次。

3. 拍摄后

（1）引导离场要有序。待合影拍摄结束后，组织者引导学员从台阶上小心有序地走下来，并告知大家回到教室继续其他的培训课程，或去食堂吃饭，或回到房间休息，或自由活动等。

（2）导出照片选三张。拍摄者回到办公室将相机关闭，拿出存储卡，将照片拷贝到计算机上。

注意：不要立即删除存储卡中的照片，需要留存一段时间。拍摄者打开合影照片并挑选出最清晰、最美观的三张。

（3）美化照片加字幕。拍摄者自己动手或交由设计师将挑选出最好的一张合影照片用软件进行美化，并加上字幕。通常，字幕为培训班的班名及合影人员的名字。

（4）发送合影到邮箱。根据现实情况决定是只发放电子版合影给学员，还是需要将合影冲洗出来发放给学员。如果只是发放电子版合影，组织者将美化好并加上字幕的电子版合影通过邮件发送至学员档案上的邮箱。

（5）冲洗要求讲清楚。如果需要冲洗照片，就需要做以下两个动作。

① 发送一封邮件说明合影冲印要求（见表 2-6）并附上挑选好的合影照片至照相馆的邮箱。

表 2-6　合影冲印要求

合影字幕	冲洗尺寸	照片材质	是否压胶	送达时间

② 给照相馆打电话确认一下邮件是否收到，以及递送照片的时间与方式。

（6）发放合影无遗漏。待冲洗的合影照片送达以后，如学员还未返程便可当场将合影照片发放给学员；如学员已返程，则交由酒店前台进行邮寄。

补充说明：当考虑是否要冲洗合影照片时，可参考合影照片冲洗完拿到手时学员是否已返程。如果学员已经返程了便可考虑不冲洗直接发放电子版合影。当然，在特殊情况下，即使学员已返程了也需要冲洗合影照片，通过快递寄送合影照片给学员。

本篇“拍摄培训班合影”微课主题的内容脚本全文共计两千多字，这是一门标准化微课的内容量。按照科学统计数据显示，汉语普通话标准语速为每分钟 150～250 个字，由此推理本篇微课内容脚本可转化为 8～13 分钟的微课成品。

❑ 2.5.2　微课脚本案例二

有抵押，贷款风险就有保证了吗？

1. 二级目录

（1）了解担保公司的背景。

（2）落实抵押物价值。

（3）了解房价走势。

2. 内容脚本

（1）了解担保公司的背景。

① 查询担保公司经营历史。

【做法】通过实收资本核实出资是否到位，是否抽逃资金；通过查询征信判断担保公司以往担保实力及现有在保业务不良率、代偿业务情况等。

与总行评审及贷后管理部门接触，了解担保公司情况。

与担保公司经办人员聊天了解担保公司的情况。

【窍门】查询征信很重要，可以通过其他担保公司了解情况。

【注意】不能一味地相信国有担保。因为国有担保也可能丧失代偿能力，转变出资性质变为民营，从而不具备担保实力。

② 现有在保业务金额分析。

【做法】例如，通过查询担保的业务，如多为1000万元以上的业务，证明被担保的企业已有一定的经营规模及经营历史，抗风险能力较强。如果担保的贷款都在300万元～500万元，担保的企业多为新成立的企业，或为新开发的产品，那么其不确定性因素较多，风险概率较大。分析担保公司的在保业务企业所在行业，如为工业企业或科技型企业，就可以判断为风险可控；如果大多数为商贸企业，就有可能为银行化整为零、多头授信发放的贷款，集中爆发风险的可能性较大。

【窍门】查询征信在保明细，按500万元以下及以上户数金额统计分析。

【注意】了解尚未代偿业务的比重及具体情况。

（2）落实抵押物价值。

① 网上调查。

【做法】抵押贷款问清楚抵押物具体位置，可以通过地图查询房屋的实际位置。判断房屋的价格，可以通过大数据网络，如安居客、链家、房天下等房产中介公司查询其价格。

【窍门】将常用的网站放入收藏夹，方便查询和使用。

加强培训，在部门培训会上分享抵押物价值变化走势情况。

【注意】同一小区，大面积房产与小面积房产价值肯定有差别。通常，小面积房产的单价相对较高。房屋装修的新旧程度也会影响房屋出售的成交价格，作为抵押物价值认定，人们应尽量少考虑装修的投入价格。

② 现场实地考察。

【做法】对不熟悉区域的住房和全部商品房必须到现场看情况：商品房核实真实的楼层及位置，如门牌号码与产权证号码不能完全对应的，要求客户到当地派出所出具说明。案例：某银行对某企业商品房的价值进行现场实地调查核实，询问店员相关房屋信息，询问其房屋是否为租赁等情况时，发现评估公司出具的评估报告与实际抵押物位置有误，通过多次往返物管、对比“户型图”等核实该抵押物实际坐落位置，评估公司提供的照片实为商场 1 层，抵押物实际为 2 层。

另外，还可以到商品房附近的中介公司了解最近的成交价格，询问周边的居民房产价格及信息。

【窍门】直接到中介公司说自己要买房或卖房，中介人员会给出合理的参考价。

③ 与评估公司沟通。

【做法】了解评估公司评估抵押物采取的什么方法，如评估价值、净值、快速变现值、税费估算是否合理。

【窍门】找其他的评估公司询问价格做比较。

（3）了解房价走势。

【做法】关注新闻及最新房产消息，对涨幅较大的区域防止房价回落带来的风险。

例如，重庆北碚蔡家片区的房价在过去一年涨幅很大。通过实地走访蔡家片区了解到商品房入住率较低，虽然轨道交通已完善，但周边配套并未完善，存量房去化率不高，周围还有大量空置土地可供开发。在国家房价进一步调控的情况下，该区域二手房可能存在一定的价格回调，控制抵押物价值防止该区域房价回落带来的风险。

【窍门】坚持每天早上看财经新闻，通过各种财经类 App、开放性媒体等多方面了解新信息，进行不断再学习。

【注意】信息每天积累，积少成多。

2.5.3 微课脚本案例三

带电作业工器具高压试验

1. 二级目录

（1）设备出库。

（2）设备运输。

（3）设备试验前整体组装。

（4）工频耐压试验。

（5）冲击耐压试验。

（6）试验结束，设备装车。

2. 内容脚本

（1）设备出库。

① 出库前，恒温、恒湿的室内环境。

出库——涉及带电作业的所有工器具从专业的带电作业工器具库房中取出来的过程。

【注意】带电作业工器具必须在20℃～30℃及20%～50%湿度的条件下长期保存，以保证其满足带电作业的技术要求。

② 特殊方法包装。

包装——带电作业的所有工器具从专业的带电作业库房中取出来后，用特制的帆布包对绝缘绳、软梯等工器具进行包裹。

因为当工器具从带电作业库房中取出来后，温度和湿度会受到外界环境的影响，产生大幅度的波动，有时甚至会导致所有出库的工器具不满足带电作业要求。因此，工作人员需要对出库的工器具采取一定的保护措施，使其在库房外仍然满足带电作业的技术要求。

③ 装车人员穿戴要求。

一般对搬运带电作业工器具的工作的装车人员的衣服、手套、鞋子等有一定的要求。

a. 衣服必须干净整齐且干燥。

b. 衣服上不能有水渍、汗渍等因素影响带电作业工器具。

c. 装车人员穿的鞋子必须换成专业的出入库房的鞋子，避免外界环境对带电作业工器具库房及工器具的影响。

另外，其他工作人员必须戴上干净的全新手套，避免在工作中手上的汗渍渗入工器具中。

（2）设备运输。

① 带电作业专用车。

带电作业专用车——专门用来运输带电作业工器具的车辆，一般为中型巴士。

带电作业专用车一般分为两部分：前部分是驾驶室及工作人员座位；后部分为存放工器具的密闭空间箱，采用纯金属材料制作。

② 带电作业专用车内温度、湿度恒定。带电作业专用车后部的密闭空间箱内温度、湿度须为可调。当工器具装车完毕后，工作人员须将车后密闭空间箱温度、湿度设定为与带电作业工器具库房一样的数值，以保证在运输的过程中，工器具满足带电作业技术要求，不受外界环境的影响。

（3）设备试验前整体组装。

① 组装前地面铺设防潮垫。当带电作业专车将带电作业工器具运输到耐压试验现场时，工作人员需要将带电作业工器具从车中卸下来。

【注意】工作人员在卸下工器具之前，需要在预先准备放置工器具的地面上，铺设干净、干燥的防潮垫，严禁带电作业工器具从车辆中卸下后直接接触地面或其他外界环境，否则会导致带电作业工器具受到外界不可控因素的干扰，甚至导致试验失败。

② 工器具一端的绑扎。工器具一端的绑扎是指将试验所需的绝缘绳、绝缘软梯、绝缘杆等工器具的一端用钢丝牢固地绑扎在试验设备上端的金属杆上。按照从左到右顺序依次绑扎，不宜重叠、交叉。

③ 工器具另一端的接地线安装。当工器具一端绑扎牢固后，工作人员用起重机将试验设备的金属杆吊起至所有带电作业工器具均悬空不接触地面。

在起吊过程中，工作人员应注意绝缘绳、绝缘软梯等材质较软的工器具不得相互缠绕，绝缘杆等材质较硬的工器具不因受力不均匀而折断。当起吊工作完成后，工作人员用接地线将所有带电作业工器具的下端串联起来，确认连接无误，保证回路接通。

（4）工频耐压试验。

① 升压前现场准备工作。

工频耐压——在负载正常工作时承受的额定峰值电压。直流电压是峰值电压的 1/1.414，也就是交流电压的有效值。这是具有很大危险性的试验。

【注意】在升压前，试验现场应围好遮拦或围绳，挂好标示牌，并派专人监护。所有人员应退到试验区域外安全地带，未经现场工作负责人许可，任何人禁止擅自进入试验区域。

② 升压。

升压——将这个回路的电压从 0V 开始逐渐往上升，直至升高到试验额定值。

a. 在升压过程中，工作人员不仅要监视电压表的变化，还应监视电流表的变化，以及被试品电流的变化。

b. 在升压时，工作人员要均匀升压，不能太快或太慢。

【注意】在升压过程中，工作人员如果发现表针摆动或被试设备有异常声响、冒烟等情况，就应立即降下电压，断开电源，在高压侧挂上接地线后，再查明原因。

③ 试验持续时间。

在将回路电压升至试验要求值后，被试设备即开始承受试验电压，承受的时间为 1 分钟。其中，试验注意事项如下：

a. 在持续的 1 分钟内，现场工作人员需要仔细查看被试设备有无明显异常（如发黑、冒烟、闪现火花等现象）。

b. 根据实际经验，当参与试验的工器具不合格时，被试设备会发出如同烟花爆炸一样的响声，并且伴有明显的放电现象。有的整个被试设备被击穿，其表现形式为工器具从上至下出现一道“闪电”；有的被试设备某一部位被击穿，其表现形式为工器具中某一部位闪现出一个白色的亮点。

c. 后台工作人员在 1 分钟时间内，发现表针摆动或被试设备有异常声响、冒烟等情况，就应立即降下电压，断开电源，在高压侧挂上接地线后，再查明原因。

④ 降压。在要求的 1 分钟试验结束后，后台工作人员可以缓慢地降下电压直至为 0V。

【注意】具体事项如下：

a. 在降压过程中，绝不允许不降压就先断开电源。工作人员必须等待降压结束后，才可以关闭整个试验的电源开关。

b. 在降压过程中，如果工作人员发现表针摆动或被试设备有异常声响、冒烟等情况，就应立即降下电压，断开电源，在高压侧挂上接地线后，再查明原因。

⑤ 确认试验合格。

a. 在降压结束后，现场工作人员根据试验过程中有无部分工器具被击穿或闪现火花的情况，确认工器具是否试验合格。

b. 工作人员可以通过放置在试验现场边上的高速摄像机中的录像进行仔细甄别，以确认工器具是否试验合格。

c. 根据现场实际经验，现场工作人员判断试验结果：如果工器具在试验过程中被击穿或闪现火花，在工器具上就会留有明显的黑色灼伤痕迹，甚至有焦煳味。这可以帮助现场工作人员确认带电作业工器具是否试验合格。

（5）冲击耐压试验。

① 升压前现场准备工作。

冲击耐压试验——检验各种高压电气设备在雷电过电压、操作过电压等冲击电压作用下的绝缘性能和保护性能，试验电压要比设备绝缘正常运行时承受的电压高很多。许多高压电气设备在出厂试验、形式试验时或大修后都必须进行冲击耐压试验。这是具有很大危险性的试验。

【注意】具体事项如下：

a. 在升压前，试验现场应围好遮拦或围绳，挂好标示牌，并派专人监护。

b. 所有人员应退到试验区域外安全地带，未经现场工作负责人许可，任何人禁止擅自进入试验区域。

② 确定 50%放电电压。现场确定 50%放电电压有两种方法：多级法和升降法。

a. 多级法。以估计 50%放电电压的 1.5%～3%作为电压级差对被测试设备分级施加冲击电压。每级施加电压 10 次（次数增多可提高其精度，但不必多于 20 次）。至少要施加 4 级电压，要求在最低一级电压时放电次数近于零，而在最高一级电压时，接近全部放电。求出每级电压下的放电次数与施加次数之比 P（即放电频度）后，将其按照电压值标记在正态概率纸上，绘出拟合曲线 $P=f(U)$，在拟合曲线上对应 $P=0.5$ 的电压值即为 50%放电电压。在 $0.2 \leqslant P \leqslant 0.5$ 和 $0.5 \leqslant P \leqslant 0.8$ 两个区域内都应有试验点。

b. 升降法。先估计 50%放电电压预期值 U_k。第一次施加的冲击电压值 U_k，如果未引起放电，则下次施加电压应为 $U_k+\Delta U$。其中，$\Delta U=(1.5\%\sim3\%)U_k$。如果 U_k 已引起放电，则下次施加电压应为 $U_k-\Delta U$。后续加压都按下述规律：如果上次加压已引起放电，则本次施加的电压就要比上次电压低 ΔU；如果上次加压未引起放电，则本次施加的电压就要比上次电压高 ΔU。这样反复升降加压到足够次数后，分别计算出各级电压 U_i 下的加压次数 n_i，求出 50%放电电压。

为减小由于 U_k 取值不当而引起的误差，至少前两次加压不计入试验数据内。

【注意】在任何情况下，所取的第一次电压值与 U_{50} 相差应不大于 $2\Delta U$。另外，相邻两次加压的时间间隔应不小于 30s，这是考虑到被测试设备绝缘强度恢复的需要。

③ 试验电压及次数。根据相关规范要求，冲击耐压试验的试验电压应该满足 1.5 倍额定电压，冲击次数为 15 次。在试验过程中，高速摄像机需要一直进行录像。如果现场有带电作业工器具发生击穿和放电现象，工作

人员立刻根据高速摄像机中的录像进行判断，确认是哪一个工器具不合格并立即取下，不合格的工器具不再参与后期试验。待取下不合格的工器具后，现场作业人员需恢复试验设备，继续进行冲击耐压试验。

【注意】在这个试验过程中，现场工作人员需仔细查看被试设备有无明显异常，如发黑、冒烟，闪现火花等现象。同时，现场工作人员根据实际经验判断：当参与试验的工器具不合格时，被试设备会发出如同烟花爆炸一样的响声，并且伴有明显的放电现象。有的整个被试设备被击穿，其表现形式为工器具从上至下出现一道“闪电”；有的被试设备某一部位被击穿，其表现形式为工器具中某一部位闪现出一个白色的亮点。而后台工作人员在 1 分钟内，如果发现表针摆动或被试设备有异常声响、冒烟等现象，应立即降下电压，断开电源，在高压侧挂上接地线后，再查明原因。

④ 降压。在要求的试验电压和冲击次数结束后，后台工作人员便可缓慢地降下电压直至为 0V。

【注意】在降压过程中，绝不允许不降压就先断开电源，必须等待降压结束后，才可以关闭整个试验的电源开关。同时，在降压过程中，如果工作人员发现表针摆动或被试设备有异常声响、冒烟等现象，就应立即降下电压，断开电源，在高压侧挂上接地线后，再查明原因。

⑤ 确认试验合格。在降压结束后，现场工作人员根据试验过程中高速摄像机的录像情况判断有无部分工器具被击穿或闪现火花现象，确认工器具是否试验合格。根据现场实际经验，现场工作人员判断试验结果：如果工器具在试验过程中被击穿或闪现火花，在工器具上就会留有明显的黑色灼伤痕迹甚至有焦煳味。这可以帮助现场工作人员确认带电作业工器具是否试验合格。

（6）试验结束，设备装车。

① 设备拆除。在试验结束后，现场工作人员确认试验现场已经安全并

满足人员进入条件的前提下，将试验设备的金属杆从高空降至地面。

同时，地面工作人员提前铺设好干净、干燥的防潮垫。在降落过程中，保证带电作业工器具自始至终落在防潮垫上，并拆除绑扎的钢丝和接地线。

② 设备包装。试验结束后的工器具包装与从带电作业工器具库房中取出的工器具包装一样，用特制的帆布包对绝缘绳、绝缘软梯等工器具进行包裹。工作人员采取一定的保护措施，使其满足带电作业的技术要求，不受外界环境的影响。

③ 设备装车。将已经包装好的带电作业工器具搬运到车上的过程。

【注意】车辆必须是带电作业专用车，其密闭空间箱内温度、湿度必须满足操作要求，不受外界环境影响，并符合带电作业工器具的技术要求。

④ 工作人员穿戴要求。一般对搬运带电作业工器具的装车人员的衣服、手套、鞋子等有一定的要求。衣服必须干净整齐且干燥。衣服上不能有水渍、汗渍等因素影响带电作业工器具。另外，其他工作人员也必须戴上干净的全新手套，避免在工作中手上的汗渍渗工器具中。

通过以上三篇微课内容脚本的案例分析，大家不难发现撰写微课内容脚本时，比较核心的步骤是将微课主题这件事讲述清楚，同时融入微课开发者的经验、技能要求与规范等。

绝大部分的微课开发者在各自企业内部积累了丰富的工作经验，而这些工作经验往往都聚焦其岗位所在的业务线条及专业线条。

随着科技发展的速度越来越快，社会上大部分的工作岗位都面临着合并与革新，因此工作经验的萃取与传承变得更加高效，需要在短期将其变成微课形式并在组织内部进行传播，使组织效能最大化，同时微课可以伴随着岗位工作任务的变化来进行迭代更新。通常，微课一年更新一个版本。

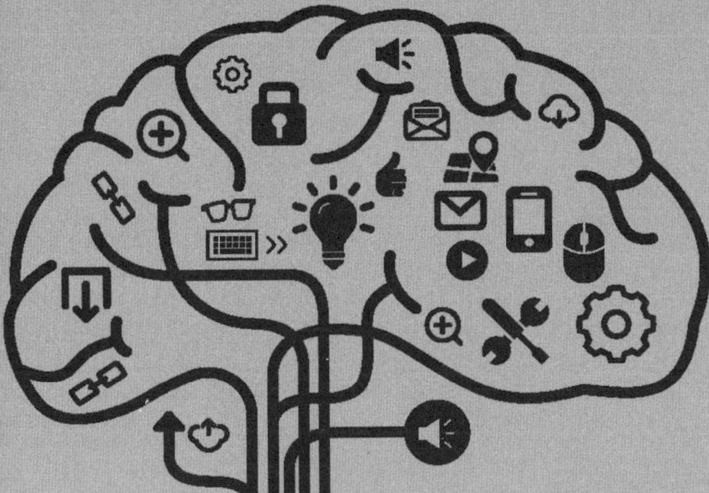

第1章 定义微课（1D：Define）

第2章 开发微课（2D:Develop）

第3章 设计微课（3D:Design）

第4章 制作微课（4D:Do）

第5章 交付微课（5D:Deliver）

人类从学会使用工具以后，对工具的改造与创造的过程就是设计并执行的过程。但“设计”这个名词真正走进人们的日常生活中还是伴随着工业化时代的来临。人们对“设计”的了解与熟悉正是基于全社会庞大的工业化设计领域所带来的。最早的“设计”可能只注重功能的实现和依附功能实现基础上的外观设计。如今的“设计”除了注重实用功能，更加侧重人性的偏好与用户精神上的收获。

正因如此，当微课内容被开发出来并制作成微课成品之前，势必要经历对微课进行设计与打磨的过程。设计的过程要侧重微课学习效果的衡量标准，以及基于人类学习的天性与偏好。

我与培训经理的对话

张经理：汪老师，我在向领导汇报关于开展微课项目时，领导和同事们都有些担心。以线上微课为例，大部分员工都是在自主学习情境下来完成线上微课学习的，实体课堂的那种强管理、氛围感、参与感等要素都发挥不了作用。那么，员工的学习效果如何保证呢？

汪老师：张经理，您提了一个非常好的问题。首先，这对员工的学习效果来说的确是一个挑战。不过，幸运的是，线上学习平台与微课在国内经历了多年的发展之后，这种担忧基本可以消除了。我们可以通过强化线上微课学习项目的运营与在开展微课开发项目时进行微课内容的专业化设计，两种方式双管齐下，可以完美地解决你的问题了。

3.1 微课内核结构设计

微课作为课程的一种授课形式，应遵循一门课程应有的定位、结构与使命。从这个角度来说，在开发完微课内容后，微课开发者一定要对微课内核结构进行优化或重新设计。这一过程能够使微课内容脚本更好地成为一门“微型课程”。

❑ 3.1.1 微课内核结构的框架

微课内核结构的框架，如图 3-1 所示。

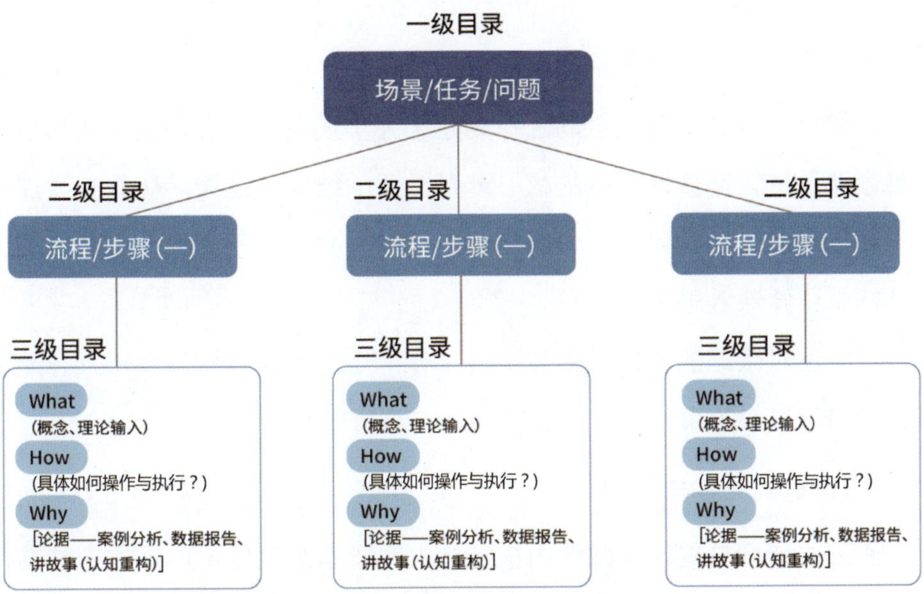

图 3-1　微课内核结构的框架

其实，微课内核结构就是一个三级目录。本章要探讨的是微课内核结构的重新设计，这就要求大家从底层逻辑上来认知它。究竟什么样的微课内核结构才能提升微课内容水平，并使微课更加专业且受人欢迎呢?

❑ 3.1.2 微课内核结构的三级目录

从三级目录的角度来说，“What”的部分主要是微课内容的概念、理论输入。这是帮助企业员工先从知识建构的角度迅速切入进来，从而将自己过去熟悉的旧知识与即将要学习的新知识进行连接与融合。“How”的部分是讲述这门微课内容究竟有什么作用，用在哪里，具体如何操作与执行。“Why”的部分，也就是微课内容要清晰告知企业员工为什么要这样做，它背后的成因是什么，这样做的好处与收益有哪些。

❑ 3.1.3 微课内核结构与逻辑

作为微课开发者，当把微课教授给学员时，他们是不是在第一遍学习完之后就记忆深刻，并且会马上行动起来去实践呢？其实，这一切都是在考验微课质量，而微课质量的核心就是微课的结构与逻辑。优秀的微课结构与逻辑可以让人过目不忘，听完就能记住，并应用于实践，实践之后还能进行总结并深入思考。

我经过对微课的深入研究与实践，将常用的微课结构与逻辑分为递进式、时间轴式、故事化情节式、神庙式与寓意式五种类型。

1. 递进式结构与逻辑

递进式结构与逻辑是微课内核结构中比较基础且应用广泛的一种结构与逻辑。通常，微课内容来自企业内部的业务线条与专业线条。在这两个线条上，企业对人才培养的基础是技能、技巧的养成与训练。具体来说，就是如何做的问题。微课开发者要想将技能、技巧传授给学员，就要教授其操作步骤。而操作步骤通常都有前后顺序，因此微课内核结构与逻辑是递进式的。

图 3-2 中“5W2H”又称“七何分析法”，各个步骤是按照 What、When、Who、Where、Why、How、How much 的顺序来操作的。这种按照先后顺序

精炼步骤的结构与逻辑就是人们俗称的“工作方法论”。需要注意的是，从工作流程升级为工作方法论，核心差异在于工作方法论需要具备一定的通用性，而不仅局限某个产品与服务，也不局限于某个特定的企业，甚至不局限于某个行业。

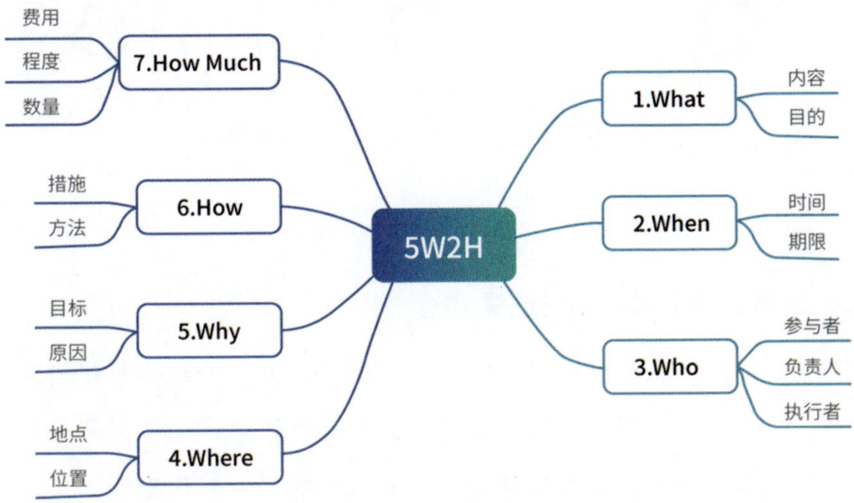

图 3-2　递进式结构与逻辑

2. 时间轴式结构与逻辑

时间轴式结构与逻辑（见图 3-3）是按时间周期与进度来推进的，即微课内容所讲述的事情是伴随着时间一步一步往前落地执行的。例如，很多企业要求中层以上管理者在半年度和年底进行述职汇报。在述职汇报时，中层以上管理者完全可以按照时间维度将计划内的工作任务、新增计划外的工作任务，以及事务性工作任务等逐一汇报。

再如，在实体制造型企业中，通常企业会安排生产车间或厂房设备运转的巡检工作。如果微课内容开发者确定的是关于巡检工作事项及技巧的微课主题，那么巡检工作内容通常也可以按照时间周期与进度来完成——在不同的时间点巡检不同的设备或区域，从而完成巡检要点及规范。

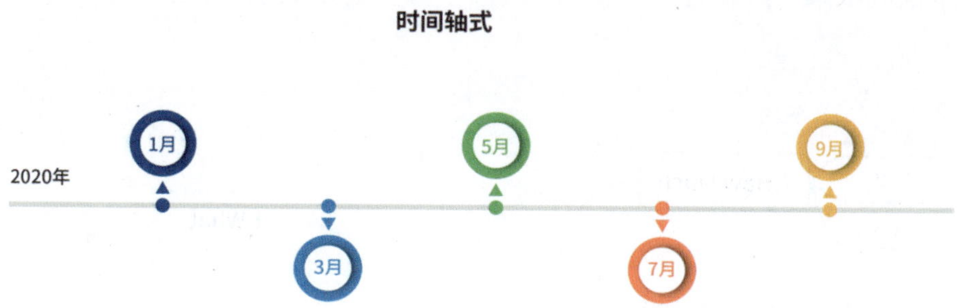

图 3-3　时间轴式结构与逻辑

3. 故事化情节式结构与逻辑

作为成年人，人们往往有一个错误的概念认知——故事都是讲给小朋友听的。其实，无论是小朋友还是成年人都非常适合通过听故事来进行学习。因为人类大脑的认知框架决定了，当人们被带入某做事场景中时，对所发生的一切很容易学习与记忆。

通过故事化情节式设计的微课内容将有效地解决学员对微课内容的记忆难题。那么，在设计故事化情节式微课内容时，需要注意哪些事项呢？

首先，一个故事必须有一个角色，也可能有两个或更多角色。

其次，这个角色在一个特定的时间、地点，有一个初始的情节背景或情节导入。

最后，这个角色带着初始情节开始迈入第一个场景，再迈入第二个场景，然后进入第三场景，直至到达一个阶段性情节结束的场景，故事结束。故事化情节式结构与逻辑，如图 3-4 所示。

图 3-4　故事化情节式结构与逻辑

4．神庙式结构与逻辑

将古希腊神庙结构引入微课结构与逻辑的设计中来，便形成了神庙式结构与逻辑，核心结构分为三部分：一是底层地基的部分；二是中间柱子的部分；三是顶部横梁的部分。其逻辑为：当构建并拥有了地基部分的内容后，便可以着手打造中间部分柱子的内容；当中间构建了几个柱子的架构后，便完成了第三部分顶部横梁的主题命名。

如图 3-5 所示，企业要搭建“××企业培训体系”，先要以“培训管理者+HRBP+内训师+外部专家+E-Learning 平台+管理机制”为基础，然后再逐步建立几大业务序列的课程体系，如此便建成了该企业培训体系。

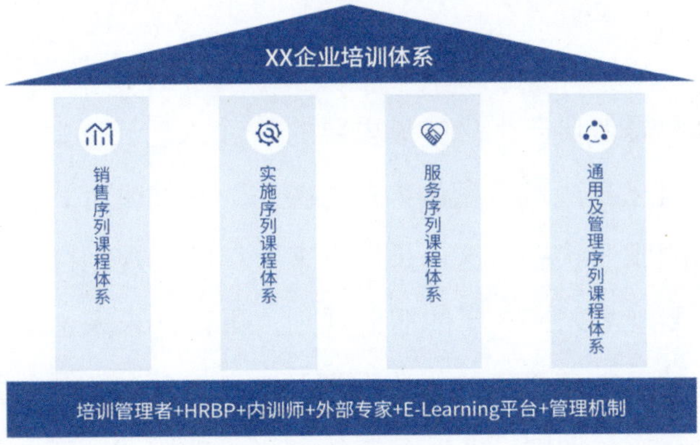

图 3-5　神庙式结构与逻辑

5. 寓意式结构与逻辑

人们不难发现，图 3-6 在讲述职业规划的主题内容时采用未来 5 年职业规划如何做作为主要逻辑，也就是前文提到的递进式逻辑。在该案例中，未来 5 年职业规划的内容被比喻成一个人身体的各个部位，以一种拟人式象征比喻，即为寓意式结构与逻辑。

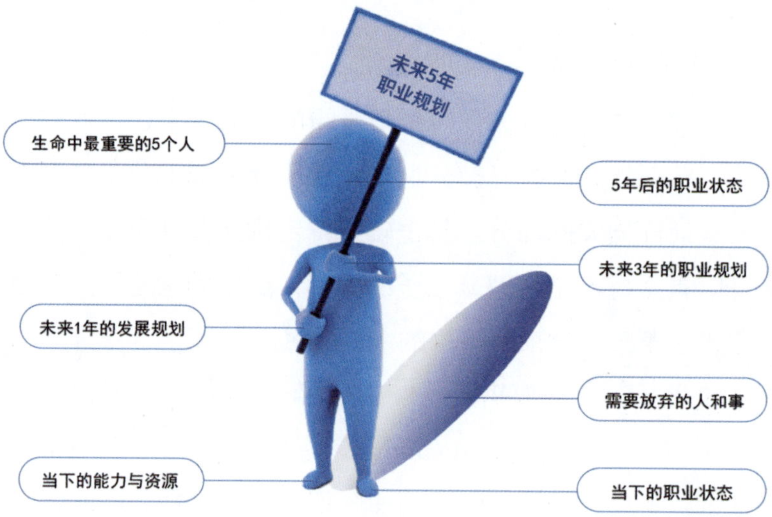

图 3-6　寓意式结构与逻辑

首先，人要思考自己生命中最重要的 5 个人。因为每个人所做的职业规划一定要和自己身边最亲密的人产生关系。除此之外，人的大脑还会想象一下 5 年后的职业状态。这也是为未来 5 年职业规划打下一个基础。

其次，人要规划未来 3 年的职业规划，再设计未来 1 年的发展计划。

再次，当做好未来 3 年的职业规划及未来 1 年的发展计划后，人就需要具体落地执行了。此时，人既要去梳理当下的职业状态，还要去厘清自己当下的能力与资源。

最后，为了能够实现未来 5 年职业规划，人的影子里就是需要放弃的人和事，即放弃那些阻碍每个人实现未来 5 年职业规划的人和事，有舍才有得。

3.2 微课外核结构设计

当将微课内容呈现给员工时，微课内容开发者需要进行微课外核结构设计。这一环节就是前文提到微课的定位与使命。如何做让员工学完一门微课后能够记忆深刻，还可以迅速地对掌握的微课内容进行实践，这考验着微课内容开发者的业务水平与努力程度。

3.2.1 微课外核结构的特点

用“麻雀虽小，五脏俱全”来描述微课外核结构再适合不过了。一门经过系统、科学设计的微课外核结构应具备如下几个特点：

（1）微课开场可以吸引人的注意力。

（2）微课主体结构清晰明了。

（3）微课内容翔实、丰富。

（4）微课内容能够有效地指导工作。

（5）微课内容提供了丰富实用的工具。

（6）微课内容让人记忆深刻。

（7）微课整体结构很完整。

正是有了上述七个特点，微课成品的整体质量有了跨越式提升。下文通过优质的微课成品案例来详细介绍这七个特点。

❑ 3.2.2 微课成品案例解析

这门微课讲述的是某电网企业的公寓人员在执行企业内部一项入住管理制度的过程中，在出现特殊情况时应该如何处理的指导建议与实操技巧。

某电网企业的微课成品案例封面，如图 3-7 所示。

图 3-7 某电网企业的微课成品案例封面

如图 3-8 所示，案例开头为导入微课内容的一个场景，即发生在联研院公寓前台的一件事。

图 3-8 案例中间页 1

如图 3-9 所示，文字讲述了在这个场景中发生的事件及背景。

图 3-9　案例中间页 2

如图 3-10 所示，用一句话导入课程内容，激发员工的兴趣。

图 3-10　案例中间页 3

图 3-11 将本门微课二级目录呈现出来。

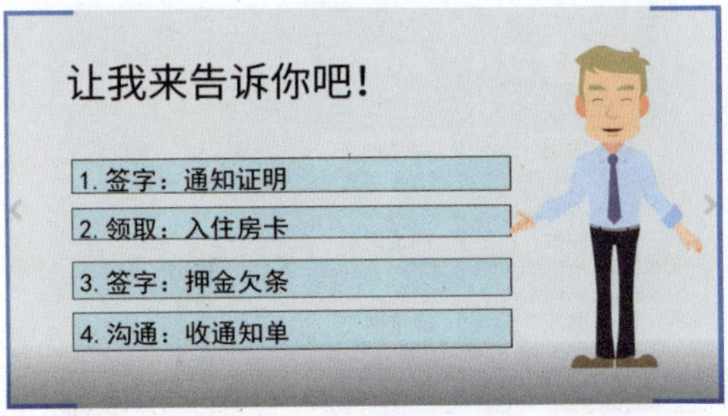

图 3-11　案例中间页 4

图 3-12 针对微课二级目录中第一项内容进行讲解。

图 3-12　案例中间页 5

图 3-13 针对微课二级目录中第二项内容进行讲解。

图 3-13　案例中间页 6

图 3-14 针对微课二级目录中第三项内容进行讲解。

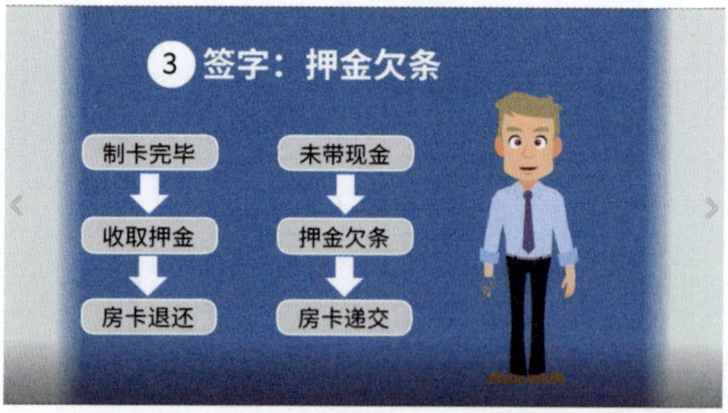

图 3-14　案例中间页 7

图 3-15 针对微课二级目录中第四项内容进行讲解。

图 3-15　案例中间页 8

图 3-16 针对本门微课全部内容进行总结与回顾。

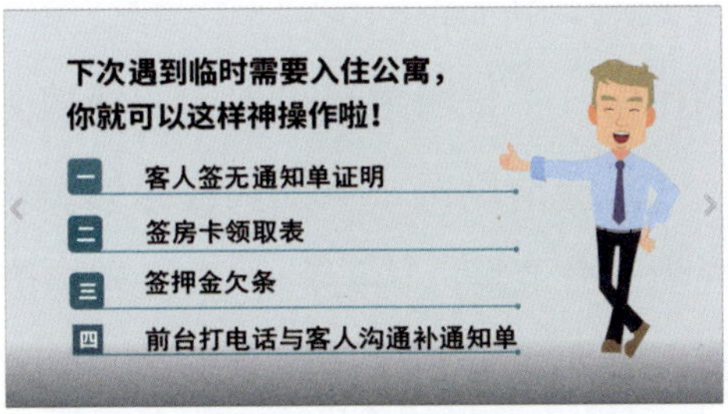

图 3-16　案例中间页 9

最后一页为案例封底，与封面一致。再次返回微课首页，本门微课内容讲授结束，同时加深员工对微课主题的记忆。

通过这个案例，员工能够了解微课整体的结构，正是有了这样的整体结构设计，使微课内容变得翔实、丰富。

3.3 微课整体设计

3.3.1　设计封面

企业内部开发微课的导师，在设计封面时通常采用统一的模板，或者使用基于本门微课内容的场景化构图作为封面背景。在封面上写上微课主题名称，有时可以加一个副标题。另外，开发微课的导师在微课主题名称的下方可以写上自己所在的部门及姓名（昵称）。

提示：企业内部开发微课的导师要坚持每年对自己所开发的微课内容进行一个版本迭代。这样，在封面落款的位置就可以再加上一个版本号。这也是互联网时代的产品思维带给人们的启发之一。

❑ 3.3.2 设计微课导入内容

微课导入内容的作用：一是激发学员对本门微课内容的兴趣；二是激发学员的学习动机；三是提前剧透一点儿内容给学员，使其了解微课的大致内容。这也充分说明了微课导入内容的必要性与其价值所在。

为了充分发挥微课导入内容的作用，开发微课的导师应如何设计微课导入内容呢？

（1）提一个与微课主题相关的问题。这是最简单、最容易的方法。只要是与微课主题相关的问题就可以提出来，但问题不能涉及不当言论。

（2）讲一个与微课主题相关的故事。讲故事，顾名思义，在某个时间和地点发生的事件。事件的主角和几个配角之间发生的场景与开发的微课内容要相关。需要注意的是，在场景里的故事情节一定要有冲突，冲突的背后意味着能够引起人们思考，唤醒人们做出改变的原动力，这样才会服务于所要讲述的微课内容。最后，在故事的结尾一定要有一个阶段性的结束情节或阶段性的结论产生，作为故事导入的引子，即微课导入内容。

提示：故事不一定是真实发生的，它可能是开发微课的导师从别人那里听来的或从书本上看到的，还有可能是构思出来的。

（3）举一个现实生活中发生的事例。开发微课的导师不一定每次都能找到合适的事例。之所以选择事例来做微课导入内容，是因为事例的真实性会让员工感同身受，非常容易取得员工的共鸣。这样的事例往往就发生在企业员工的工作场景中，甚至员工亲身经历过，或者听身边的朋友和同事讨论过。因此，事例对员工的吸引力非常大。当然，还有一种可能，就是该事例来自众所周知的人物及对象，也适合作为微课导入内容，只是这样的事例与微课内容的契合度往往比较低。

3.3.3 设计微课内核结构

在微课内核结构中，第一页的内容是微课内核的目录。需要注意的是，在处理微课目录页时，微课开发者会将其作为课程内容的标签页，即讲完一个二级目录的内容便让目录页再出现一次。如果微课内容短小就不必这样处理，改用每张内容页的左上角或右上角放置该层级目录。当然，如果非要安插标签页也是可以的。尤其在本书第 4 章讲述画布式微课内容是完全适用的。

在微课内核结构中，内容页是将微课开发者要讲授的内容，娓娓道来。在讲授内容页时，往往需要找到一条线来贯穿全部篇幅，这条线就是在设计微课内核结构与逻辑时所讲述的逻辑。除此之外，还可以再增加几条线。例如，可以设计一条学员的情绪起伏线，在观看、学习微课时学员内心的情绪随着讲授内容跌宕起伏；或者再加增加一条案例路线，从故事内容的一开始便导入一篇案例，伴随着案例中情境的变化与发展，正好契合微课内容的讲解与结论的引出。总之，对成年人来说，大家最希望听到的内容里一定要有故事、案例、新闻事件、绝大部分人的亲身经历等，这些内容才能使成年人有耐心、有兴趣地持续听下去。

❑ 3.3.4 设计针对微课内容的总结与回顾

这个环节也非常重要，它发挥着以下三个核心作用。

（1）总结与回顾课程内容有助于加深学员的记忆。

（2）通过复盘引出本篇微课内容的核心观点与要义。

（3）激发学员学以致用的动力。

需要注意的是，微课内容所使用的参考资料来源，以及工具的来源与使用都应正确无误。当然，开发微课的导师可以留下联系方式，以便持续帮助学员进行学习与实践。

3.4 微课内容教学设计

微课内容教学设计既类似于实体课堂的教学设计，又有一些明显的差异。但是，无论是哪种教学设计，其底层逻辑都是一样的，那就是让微课内容的教学更科学、规范，学员学习的体验与实效更好，可以激发学员在学习后的行动。

❑ 3.4.1 微课内容教学技巧——C.O.R.E

Becky Pike Pluth 和 Rich Meiss 等一众作者出版了 *SCORE* 一书。书中提出 C.O.R.E 的概念，在培训行业内引起了不小的反响。近年来，人们将 C.O.R.E 概念越来越多地融入线下实体课堂的教学中，线上微课也可以融入 C.O.R.E 概念吗？答案是完全可以的！

C.O.R.E 代表四个英文单词——C（Closers）、O（Openers）、R（Review）、

E（Energizer）的首字母缩写，其含义分别为结尾、开场、回顾、给力点。

1. 开场

微课的开场有三种设计思路：

（1）阐明学习本节微课的意义。

（2）讲述本节微课背后的故事。

（3）找一个“讨论点”引起学员的兴趣。

2. 回顾

与实体课堂一样，几分钟乃至十几分钟的微课也有一级目录。在每讲完一个一级目录的内容时，开发微课的导师都应该进行简单的回顾，其目的是帮助学员复习一遍，加深对微课内容的记忆和理解。

回顾也是有策略的，通常包含以下三个部分内容：

（1）提炼需要学员精通的内容。

（2）复述需要学员熟悉的内容。

（3）简述需要学员了解的内容。

3. 给力点

如果学员只能记住这门微课内容的一个要点，那么，开发微课的导师希望这个要点是什么呢？开发微课的导师会开动脑筋思考如何讲授这个唯一的要点。这个唯一的要点也就是让学员感受到的给力点。

4. 结尾

与实体课堂一样，微课结尾的唯一目标就是激发学员在学习后的行动。行动可以分为以下三种情形：

（1）让学员做个学习测验。

（2）指向一个线下活动。

（3）提供工具，激发学员动手去实践的兴趣。

那么，标准的微课时长是多久呢？微课导师为微课每个阶段分配多少时间合适呢？相关研究数据表明，最科学合理的微课时长是 7～15 分钟。其中，开场时长为 1～2 分钟；中间时长为 5～10 分钟；结尾时长为 1～3 分钟。

3.4.2 微课内容教学的其他方式

1. 自问自答

微课导师在讲授微课内容时，可以使用自问自答的方式，能够引发学员思考，从而使学员更好地进入以微课内容为主的学习情境中，更好地理解微课内容。

2. 引入多角色

在微课内容教学设计中，学员经常能看到对话式微课内容讲授方式，也就是针对某个小节的微课内容或按照微课内容的逻辑采用一问一答的方式来讲授。另外，还有一种方式是在微课内容教学设计中增加一名教学小助理，负责某些微课小节内容的引入或旁白讲述。

3. 多画面切换

在微课内容教学设计时，微课导师往往采用单一的画面呈现方式，不免有些枯燥。倘若微课导师在进行微课内容教学设计时采用现场视频、场景动画、图片/照片、人物动画、真人出镜、HTML5 交互式等多种画面形式与内容切换或合成起来，就会使微课内容整体看起来很丰富，也有效地减缓了学员视觉与听觉疲劳，从而加深学员对微课内容的记忆与深度理解。

3.5 微课内容视觉化表达设计

如今是一个处处讲“颜值”的时代，微课内容设计与制作同样要求“高颜值”的视觉表达。微课内容视觉表达设计，主要依据人类大脑对图形、图像信息的加工处理效率比文字信息要快得多。微课开发者在进行微课内容视觉表达设计时，主要考虑以下几种类型。

3.5.1 从词语到图标转化

要想完成视觉化设计的转化过程，人们必须清楚转化的基石是什么？简单来说，它就是按照要被转化对象的颗粒度来完成的。很显然，“词语”是视觉化设计转化的最小颗粒度，也是最容易完成的。

例如，有人随便说出一个词语，然后根据这个词语联想具象的事物。例如，温度——人们会立马联想到温度计、太阳、火球、水蒸气等。那么，微课开发者从中挑选一个绝大部分人会第一时间想到的那个事物作为“温度”这个词语视觉化设计转化后的对象。

再如，当提到“开心”这个词语时，人们立马会想到的是微笑或者各种笑脸，还有可能是彩虹或恋爱的场景等。这时，微课开发者会发现人们对“开心”这个词的联想会有所不同。显然，“笑脸”和“彩虹”是两个不同维度的事物，它们与人们的经历与经验有关。此时，人们面对这样的分歧，该怎么办呢？一个很简单的原则——简单、直接。对应着“开心”这个词语最简单、直接的视觉化传达载体就是一张微笑的表情包或面孔。

又如，针对“极限温度”“抗腐蚀性”“湿热测”“汗液”四个词语进行视觉表达的设计转化，如图3-17所示。

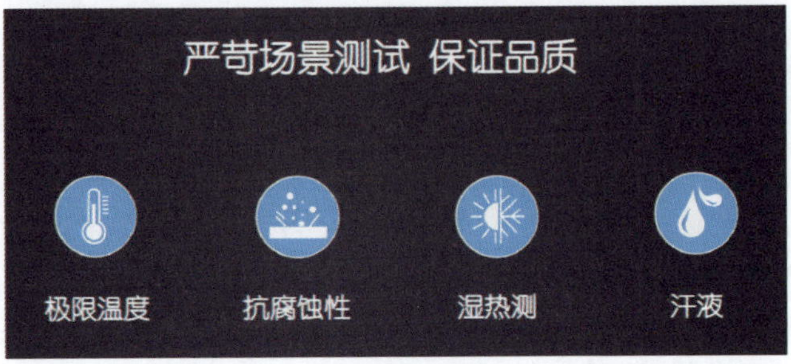

图 3-17　从词语到图标转化案例

3.5.2　从句子到图形转化

句子的颗粒度明显比词语的颗粒度要大。也可以说，句子是由若干关键词语加上定语、状语、补语等词语组成的。通常，句子可以表达一个完整的意思，尽管这个意思可能有多重含义，但是人们也不宜将其过度复杂化。

例如，“80%的网络音乐会有 90%的细节损失！”

人们从图 3-18 中可以看出，采用了两个被切开的橙子横切面图像作为“压缩音乐”和“无损音乐”的象征。这两个配图是作为句子的一个补充内容进行视觉化表达设计的载体。

图 3-18　从句子到图形案例

又如，直属单位是年度用工计划的编制主体，实行一套班子、一体化管理的单位应统筹编制。这句话对非人力资源从业者来说基本上是读不懂的，但是没关系，将它进行视觉化设计转化以后，相信绝大部分的人都能看懂，如图 3-19 所示。

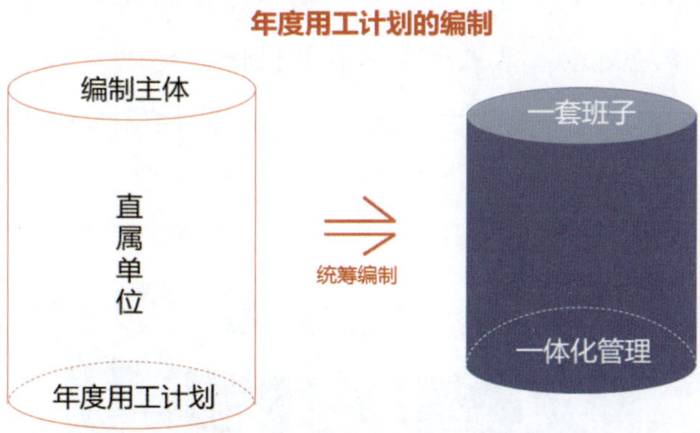

图 3-19 从句子到图形案例

图 3-19 是通过两个圆柱体再加上二者之间的逻辑关系的描绘，进而完整地表达出句子所要表达的含义。

3.5.3 从短文到场景转化

将一段短文做视觉化设计的转化，其难度是最高的。它除基本的图形、图像的转化外，还涉及图形、图像之间逻辑关系的梳理。最难的部分是搭建它们之间的框架与结构，以形成一个相对完整的场景，并且以尽可能美观的形式展现出来。

下面是一个从短文到场景的案例。

撰写授信报告

（1）资料收集齐全：提前准备征信授权书、填写企业情况调查表（证明客户实力的各类资料，如企业名下各类资产、个人名下各类资产）。

（2）授信模板内容参考样式。

（3）符合授信审批部门的撰写要求，所有资料均是客户经理上门收集，对照开票系统拍照，现场询问工人工资发放情况，应该站在审批人角度写，自己有疑问的事情一定搞清楚简明扼要揭示，提高授信通过率。

（4）特殊情况处理：第三方查询有异议情况处理。

微课开发者将这部分短文内容进行视觉化设计转化以后呈现的样式，如图 3-20 所示。

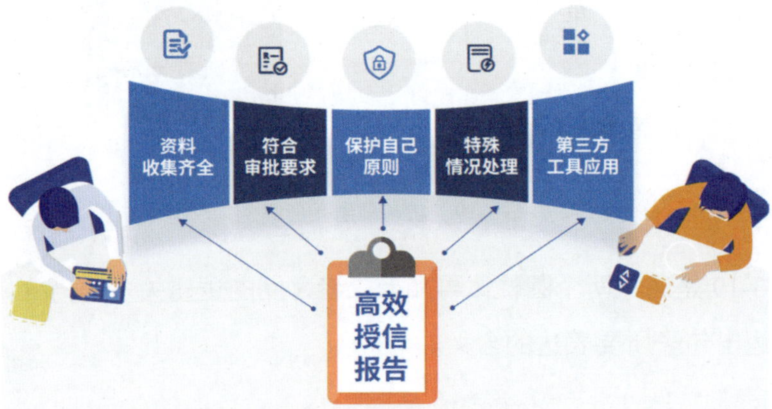

图 3-20　从短文到场景案例

大家不难看出，这其实就是微课二级目录下一个三级目录的内容页，也是在微课开发者制作微课成品时必不可少的一个环节，即将微课内容脚本进行视觉化设计的转化。这样的情形在企业日常设计与制作 PPT 的过程中也很常见。它考验的是人们对结构化逻辑思维与视觉化思维的并用，也可以说它是人类左脑与右脑的并用。

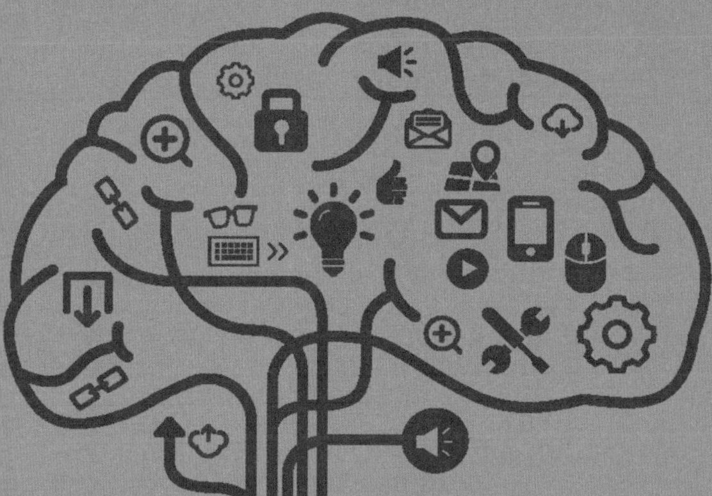

第1章 定义微课（1D：Define）

第2章 开发微课（2D:Develop）

第3章 设计微课（3D:Design）

第4章 制作微课（4D:Do）

第5章 交付微课（5D:Deliver）

微课历经数十年的发展，近年来逐渐走进更多人的视野中。本书着重探讨企业内部人才培养与组织发展领域的微课应用。这一领域的微课发展是伴随着两条线链的延伸而不断前进的。第一条线链是现代科学对成人学习特点的研究不断深入，从而出现了很多新的学习理论，主要面向成人学习的课程研发技术的不断研发与推进，诸如“组织经验萃取技术”的出现。第二条线链是信息技术与互联网技术的发展。数字多媒体技术的衍生与进步催生了第一代 E-Learning 平台，之后又迎来了移动互联网时代，第二代 E-Learning 平台出现了，在即将到来的 AI 人工智能时代，第三代 E-Learning 平台也随之而来。因此，本章将介绍由于新技术的出现而不断涌现的新型微课设计与制作工具及其应用。

4.1 视觉化微课制作工具——PPT

第一个视觉化微课制作工具是微软公司出品的 Microsoft PowerPoint 软件，简称 PPT。虽然 PPT 似乎是人人都应掌握的一项基础技能，但是要将 PPT 设计与制作得美观大方，并能够应景于微课成品的制作，还是需要下一番功夫的。下文将从 PPT 文稿美化的维度进行解析。

4.1.1 PPT 文稿设计遵循的四个原则

在设计 PPT 文稿时，主要遵循以下四个原则（参考罗宾·威廉姆斯的著作《写给大家看的 PPT 设计书》），如图 4-1 所示。

图 4-1　PPT 文稿设计遵循的四个原则

1．重复原则

重复原则是指在设计 PPT 文稿过程中，针对部分内容进行不断的重复。重复的作用：一是为了加深观众的记忆；二是为了让整篇 PPT 文稿的结构与逻辑更加清晰。常见的手法是在文稿目录页中使用重复原则，如图 4-2 所示。

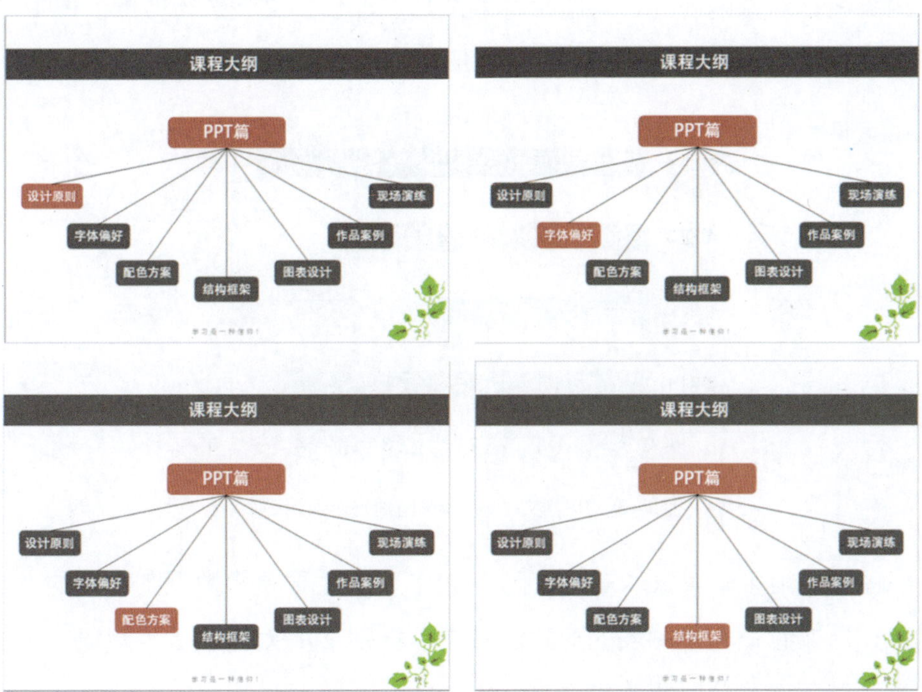

图 4-2　在文稿目录页中使用重复原则

图 4-2 中的文稿目录页采用了相同的图形布局与排版设计，并且每个目录页内容完全相同，只是在当前目录页采用“红色高亮”显示。

2．对齐原则

对齐原则是指每一页 PPT 文稿中的图形与文字都应该按照一定的规则对齐。对齐的图形与文字易读性更高，节省了观众读取文稿内容的时间，同时也可以满足人的视觉惯性。

3．对比原则

对比原则往往出现在 PPT 文稿的某些页面内容中，需要有两者或两者以上的差异性对比。这些对比通常来自颜色、字体、字形、字号、形状等的对比。不过，对比的核心是其内容，人们在设计对比的形式时要充分考虑其内容所指对象的内涵，与所相称的图形、图像、文字进行匹配。PPT 文稿设计遵循对比原则示例，如图 4-3 所示。

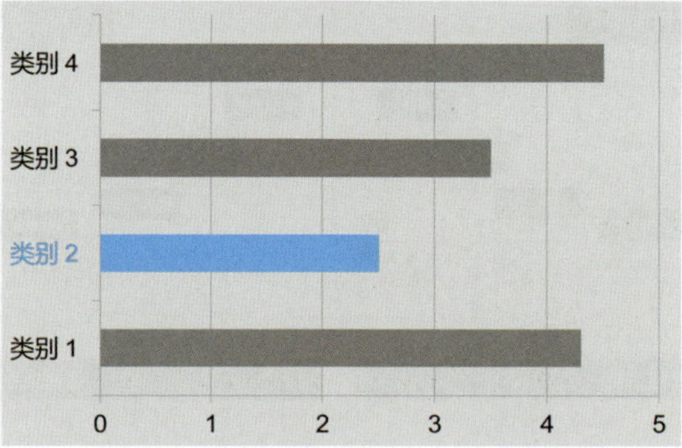

图 4-3　PPT 文稿设计遵循对比原则示例

图 4-3 为多个对象的对比。因为 PPT 文稿主要是由数据条构成的对比对象，所以它适用于图表的形式。其中，类别 2 是对比的重点对象，因此采用了蓝色来区分对比效果。

5．亲密原则

当 PPT 文稿中某些页面的内容比较稀疏时，就需要用亲密原则来对其进行图文混排。PPT 文稿设计遵循亲密原则示例，如图 4-4 所示。

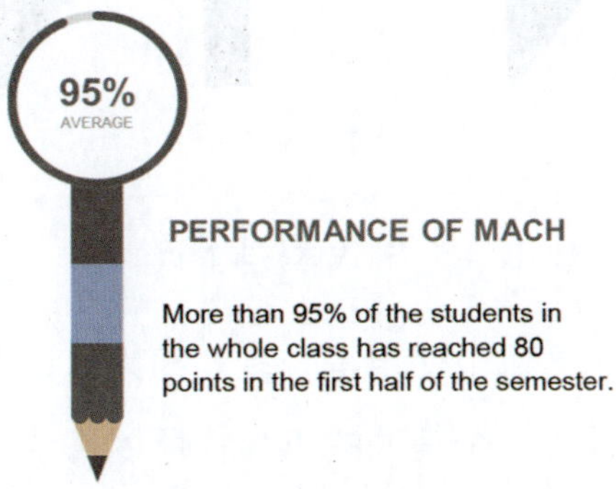

图 4-4　PPT 文稿设计遵循亲密原则示例

图 4-4 为教师在讲解全班学生的考试成绩时使用了图文混排的形式。因为讲述的是与教育相关的话题，所以教师用了铅笔作为匹配的图形，并且遵循亲密原则对图形与文字进行排版。

❑ 4.1.2　PPT 文稿字体使用规范

在制作 PPT 文稿时，最重要和核心的部分就是字体的使用。当然，所有文字信息传递的工作都要特别关注字体的合理使用。

1．字体

通常，字体分为衬线体和非衬线体两大类，如图 4-5 所示。

一般情况下，衬线体在广告词中使用得比较多，特别是偏重艺术类的营销广告。衬线体在笔画的尾部都有多余的修饰部分：一是为了吸引观众眼球，促使其大脑接收更多的信息；二是出于艺术的考究，具有美观或特殊的寓意。

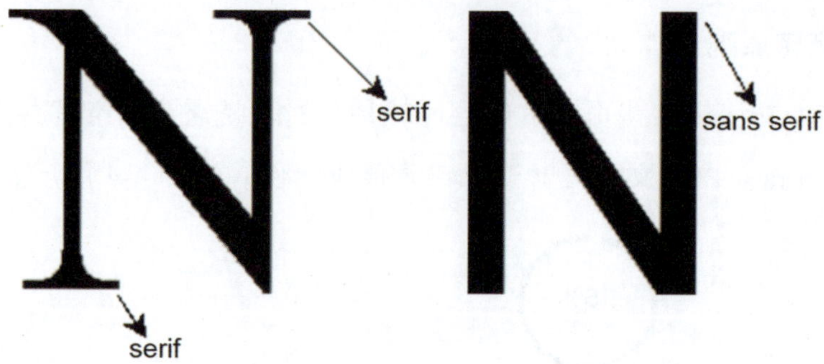

图 4-5　衬线体与非衬线体

而非衬线体在演示文稿中使用得较多。因为汇报者在做演示汇报或演讲授课时，演示文稿只是一个辅助的工具，所以需要在尽可能短的时间内将想要传递的信息传达给观众，剩下的时间需要将观众的视线与注意力转移至汇报者身上。从这个角度来说，非衬线体字体对信息传递的效率是远远大于衬线体字体的。

2．常用的三种字体

常用的三种字体分别为常规字、艺术字和书法字，如图 4-6 所示。

图 4-6　常用的三种字体

常规字最早应用于工作文档中，人们无论是写材料、写邮件还是制作各类演示文稿等使用的都是常规字。一些世界 500 强企业不仅对使用的字体都有官方的规定，而且还会购买一些字体的使用版权。艺术字的使用场景相对比较小众，只有在表达与艺术相关的内容时才适合使用艺术字，而在绝大部分的商务应用中几乎不使用艺术字。书法字也是有特定用途时才使用的字体。例如，当人们在写材料、写邮件、制作演示文稿中引用一段古诗词时，这段古诗词就可以使用书法字，可以为古诗词提升人的视觉意境。

❑ 4.1.3 PPT 文稿配色使用规范

当下，人们生活在一个科技美颜的时代，无论是硬性的美颜产品与技术，还是美颜的软件工具，都彰显着人们越来越在乎视觉的体验。PPT 文稿自然也不例外。人们要想制作一篇美观的 PPT 文稿，第一步就是了解如何使用配色。

1. 配色的基础理论——色轮

单从工业设计的角度来说，人们可以设计并制作生产的颜色多达几千种。

在设计界流行着一个说法："甲方让设计师设计一张海报，背景色是五彩斑斓的黑。"当听到这个颜色要求时，很多设计师内心都会崩溃，但这是可以实现的。那么，究竟如何实现呢？这涉及人对色轮基础理论的了解。简单来说，颜色是有其"原始色值"的。这些不同原始色之间可以相互渗透和干扰，还有明暗度的变化，经历交合便可以产生千变万化的肉眼可以识别的颜色。色轮如图 4-7 所示。

从 PPT 文稿配色应用的角度来说，还有一个更简便的方法，就是把颜色区分为三种类型：暖色系、冷色系、中性色系，冷暖色系如图 4-8 所示。

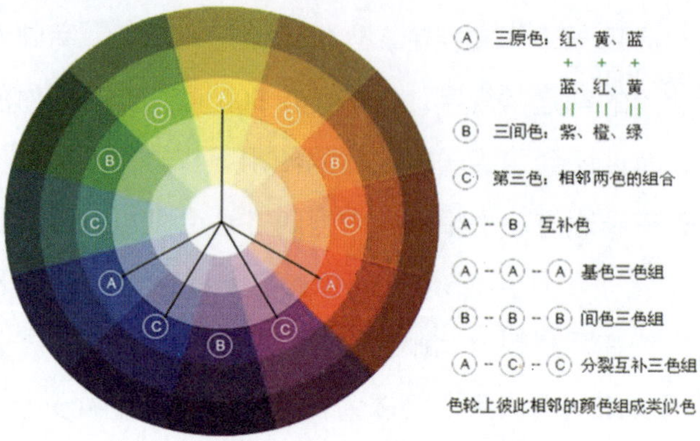

图 4-7　色轮

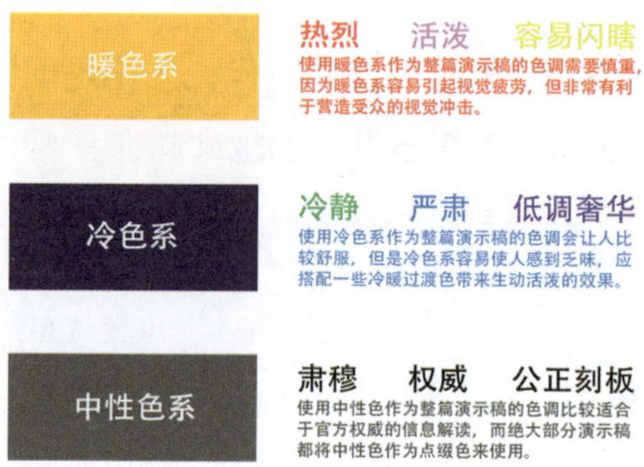

图 4-8　冷暖色系

暖色系以红色、橙色、黄色为代表，使用暖色系作为整篇演示文稿的色调需要慎重。因为暖色系容易引起受众视觉疲劳，但非常有利于营造受众的视觉冲击。

冷色系以绿色、蓝色、紫色为代表，使用冷色系作为整个演示文稿的色调会让人比较舒服，但是冷色系容易使人感到乏味，应搭配一些冷暖过渡色带来生动活泼的效果。

中性色系以黑、白、灰为代表，人们在设计与制作演示文稿时，使用中性色必须搭配暖色系或冷色系颜色，否则演示文稿就像长篇 Word 文档一样枯燥无味。如果必须使用全中性色设计与制作整篇演示文稿，就需要在图形、图像和文字方面下很大的功夫，使其具有特色或有艺术感。

PPT 是比较基础和简单的一种微课制作工具。PPT 制作的微课成品通常有两种形式：一是 PPT 配上讲授音频的声音，然后导出视频微课成品；二是将 PPT 搭配真人出镜录制的视频进行剪辑后再导出视频微课成品。下文将介绍这两种形式的微课成品制作过程。

❑ 4.1.4 案例：照“单”全收——单单收取自如

本节所讲述的 PPT 微课案例是以 Microsoft PowerPoint 2010 版本为基础。如果界面及功能与读者的有所差异，那么可以对照相应的版本号进行操作。案例封面，如图 4-9 所示。

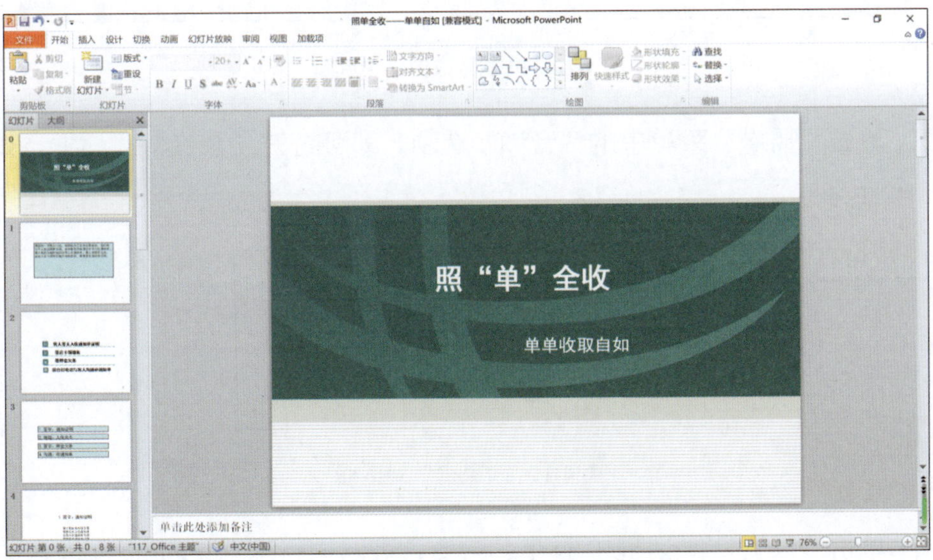

图 4-9 案例封面

如图 4-10 所示，这是一篇已经设计并制作完成的 PPT 微课课件中间页。通过 PPT 自带的录音功能按照页面顺序进行音频录制并插入其中，待全部录制完成后全屏播放 PPT 并进行录屏操作，从而制作出视频微课成品。

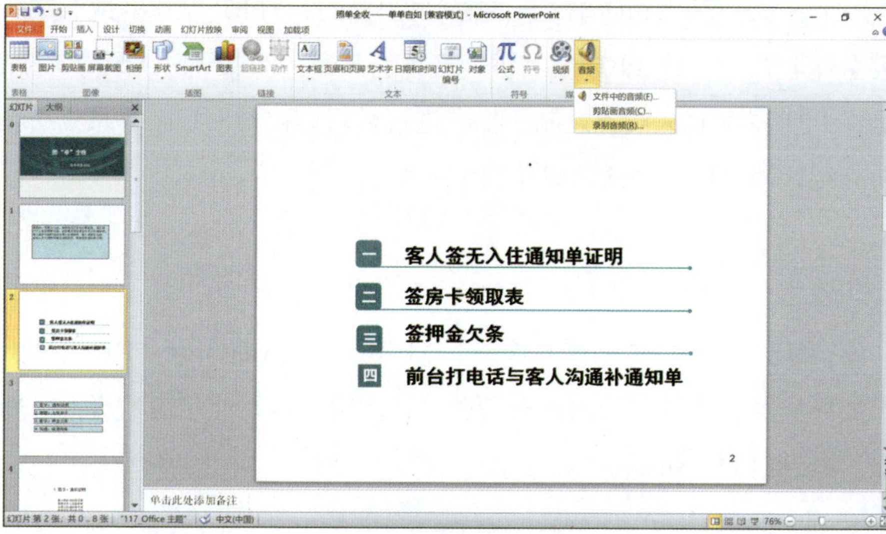

图 4-10　PPT 微课课件中间页

单击“插入”菜单中的“音频”选项，即可打开“录音”对话框，如图 4-11 所示。

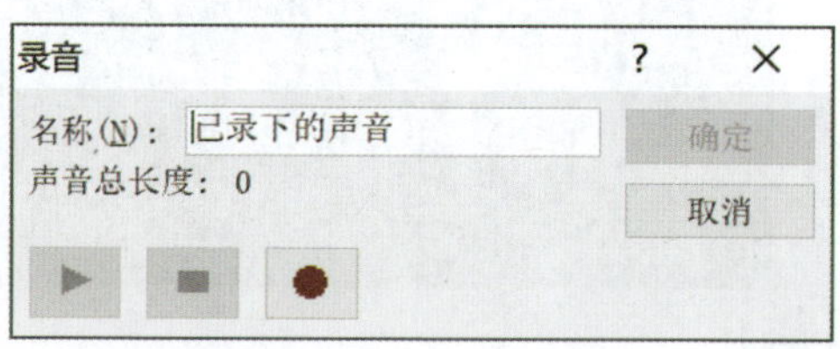

图 4-11　“录音”对话框

单击“录音”对话框中的红点图标，可以进行当前 PPT 页面内容的讲授音频录制，操作者按照页面顺序进行录制，一页 PPT 对应一个录制的录频。当为每一页录制完讲授音频后，便会在当前页产出一个小喇叭的小图标。“录音”播放条，如图 4-12 所示。

图 4-12 “录音”播放条

当然，用户还可以通过右键菜单对该音频进行裁剪。需要注意的是，一定要单击“动画”菜单栏，将该音频的动作设置为“播放”。这样，操作者在进行全屏播放 PPT 并录屏时可以每翻到一页就自动播放音频，实现音画同步的效果。

4.1.5 “万兴喵影”视频剪辑工具

用户通过安装“万兴喵影”（https://miao.wondershare.cn/）客户端软件对 PPT 微课课件进行录制和录制后的视频剪辑与创作。新手先从软件的基本界面和功能入手。“万头喵影”初始界面如图 4-13 所示。

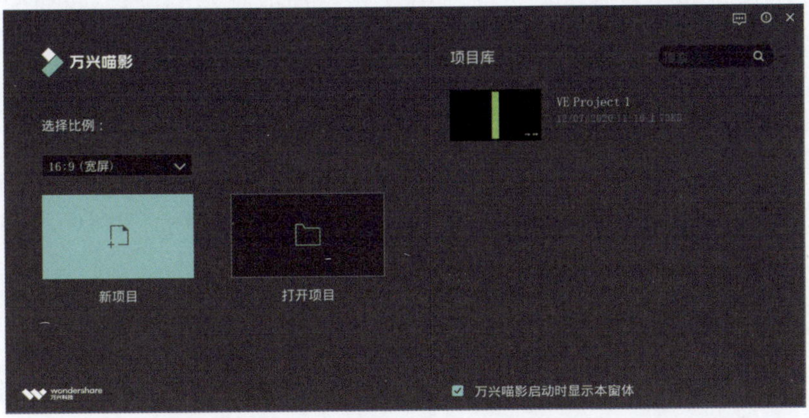

图 4-13 “万兴喵影”初始界面

“万兴喵影”的创作界面一共分为四大区域，如图 4-14 所示。

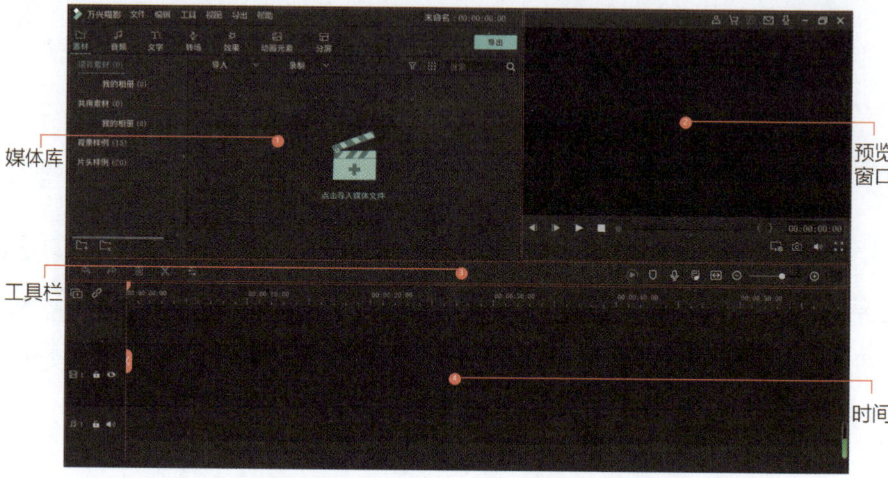

图 4-14 “万兴喵影”的创作界面

1—媒体库；2—预览窗口；3—工具栏；4—时间轴

（1）媒体库：用户可以在此处找到所有媒体文件，其包括视频片段、照片和音乐。另外，用户可以在项目中使用转场、特效等。

（2）预览窗口：显示时间轴中的视频。播放开始的位置显示在右下角的时间框。用户可以输入新的时间可以跳转到视频中特定时间点。同时，用户可以看到“截屏”按钮，可以保存完整分辨率的静止帧并自动将其作为图像添加到媒体库。

（3）工具栏：方便用户快速使用各种编辑操作按钮。用户可以在时间轴上放大和缩小项目视图，同时可以使用各种工具，如“分割”和“调速”。

（4）时间轴：把媒体片段剪辑成视频项目。

对于创建的每个项目，“万兴喵影”可以创建一个工程文件（.wfp）。此工程文件包含在项目中的每个选择的设置，以及编辑过程中的操作、特效和音乐等。

“万兴喵影”工程文件不存储视频、音频或图像文件，只存储基于文件名和位置对这些类型媒体文件的引用。如果用户移动、重命名或删除源文件，在下次打开并使用该媒体的工程文件时，那么在“万兴喵影”将无法自动找到源文件。为了方便使用，“万兴喵影”提供了将源文件与项目一起存档的选项。

下文介绍如何新建、保存、打开、移动项目文件，以及重定位丢失的媒体文件。

1．创建“新项目”

用户启动“万兴喵影”，其初始界面，如图 4-15 所示。用户通过选择“文件”菜单中的“项目参数设置”选项，可以自定义项目的比例、分辨率和帧率。“文件”菜单，如图 4-16 所示。

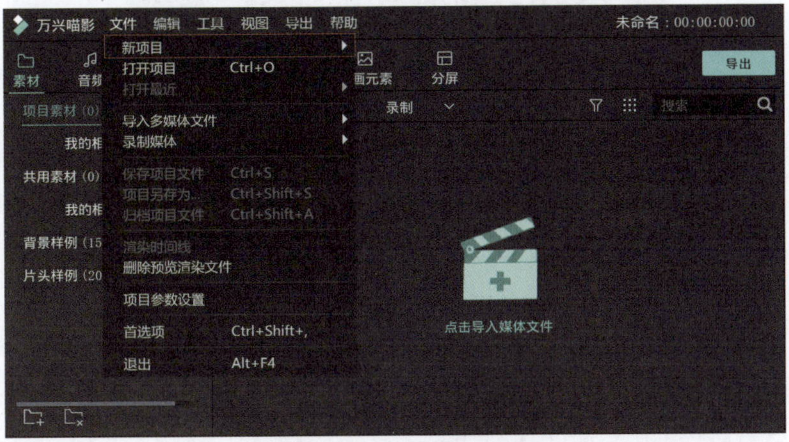

图 4-15　“万兴喵影”初始界面

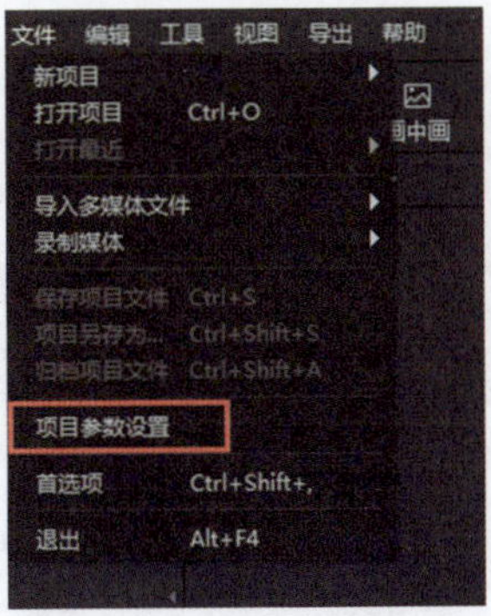

图 4-16　“文件”菜单

系统默认比例为 16:9（宽屏），但如果要为抖音、Instagram 或其他社交媒体制作视频，可以将其更改为 9:16、1:1、4:3、21:9。“项目参数设置”对话框如图 4-17 所示。

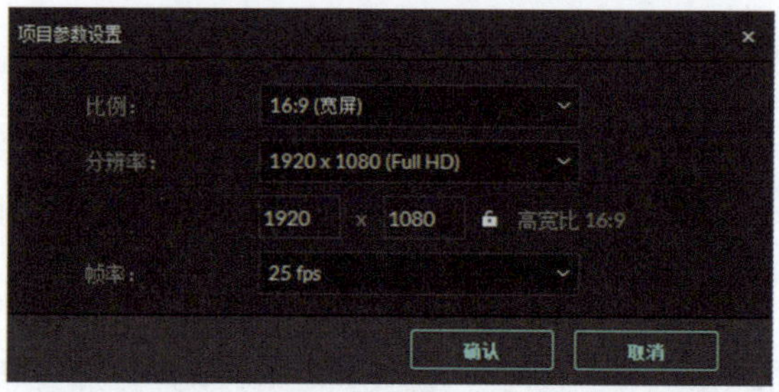

图 4-17　“项目参数设置”对话框

2. 保存项目

选择“文件>保存项目”或“将项目另存为”选项，或使用快捷键（Ctrl+S），项目将另存为扩展名为.wfp 的文件。这些文件只能由“万兴喵影”识别。

3. 打开项目

（1）从“项目库”中打开项目。用户启动“万兴喵影”，最近的项目将显示在“项目库”中，如图 4-18 所示。在编辑界面中，用户还可以选择“文件”菜单中的“打开最近”选项来查找项目。

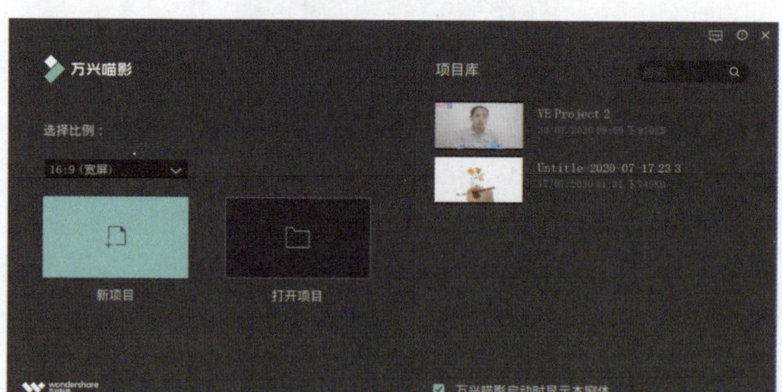

图 4-18　“项目库”显示界面

（2）从编辑界面中打开现有项目。用户启动“万兴喵影”并选择“文件”菜单中的“打开项目”选项以重新加载.wfp 项目文件。如果已经在“万兴喵影”编辑界面中，可以使用快捷键（Ctrl+O）以定位.wfp 文件，如图 4-19 所示。

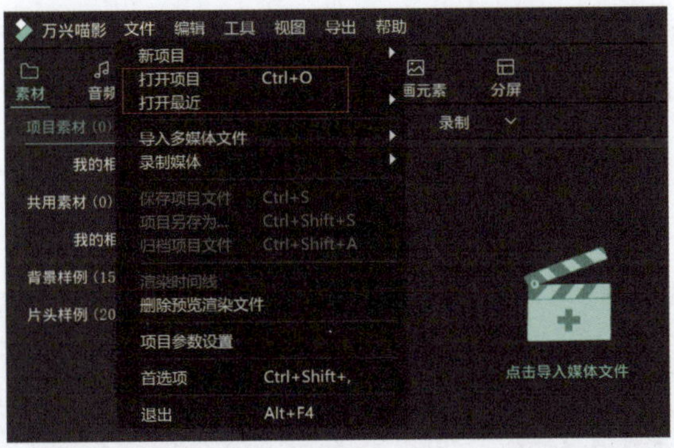

图 4-19 “文件”菜单——打开项目

4. 将项目文件移动到另一台计算机（存档项目文件）

选择“文件>归档项目文件”选项或使用快捷键（Ctrl+Shift+A），如图 4-20 所示。项目文件和源文件将以.wfp 格式一起存档，以便将它们移动到另一台计算机或存储设备。用户想要打开.wfp 文件，双击对应的文件即可。

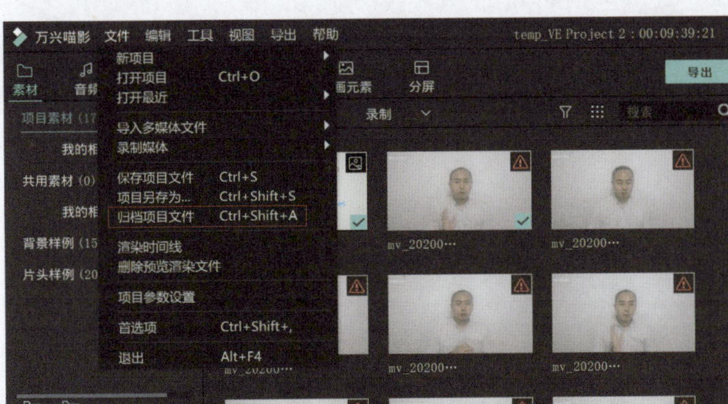

图 4-20 “文件”菜单——归档项目文件

5．重新查找丢失的媒体文件

用户更改源文件的位置、重命名、删除或断开保存源文件的外部驱动器后，在“万兴喵影”上将无法找到源文件。不过，用户可以看到弹出窗口，其中包含文件丢失的位置。用户单击“放大镜”图标重新定位丢失的媒体文件，然后单击“确认”按钮重新打开原始项目文件。如果文件已被永久删除，那用户可以选择其他文件作为替换文件。“重新查找丢失的媒体文件”对话框，如图 4-21 所示。

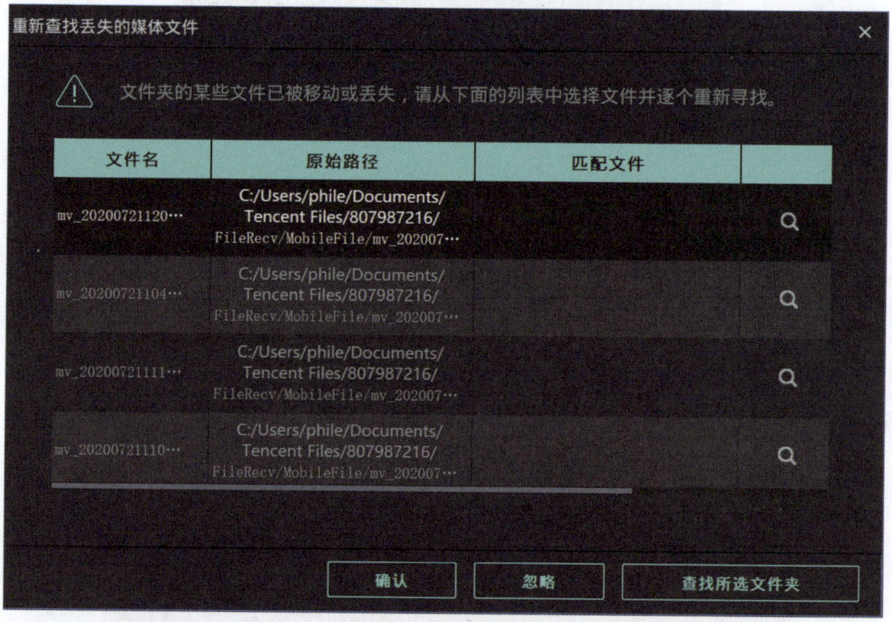

图 4-21　“重新查找丢失的媒体文件”对话框

6．导入视频、图片、音频

通常，有三种方法可以将媒体文件导入“万兴喵影”。

方法 1：单击“文件>导入多媒体文件”，选择“导入媒体文件”“导入媒体文件夹”或“从相机或手机导入”等选项，如图 4-22 所示。

方法 2：单击“点击导入媒体文件”按钮，如图 4-23 所示，然后从弹出窗口中选择一个或多个媒体文件。

方法 3：将媒体文件直接拖曳到媒体库中。

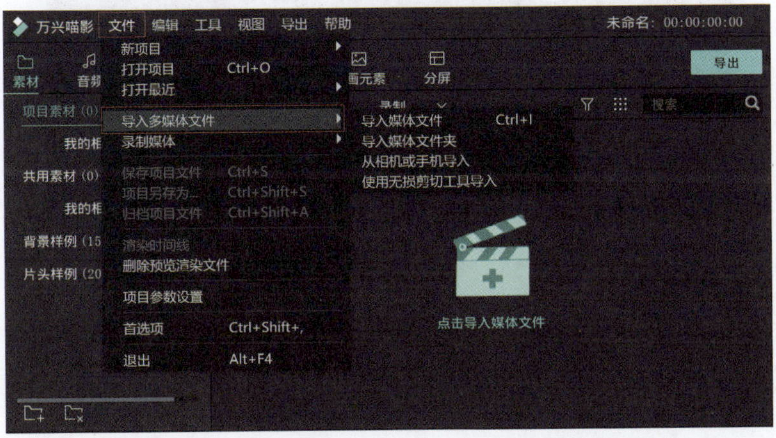

图 4-22 “文件”菜单——导入多媒体文件

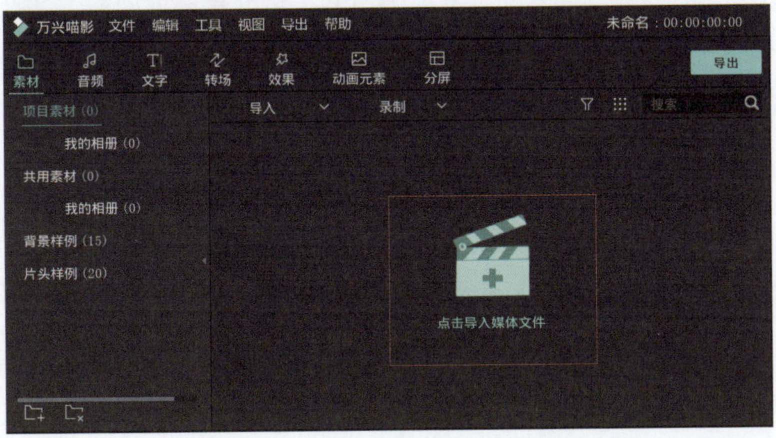

图 4-23 “点击导入媒体文件”按钮

在导入媒体文件时，程序可能会询问用户是否创建代理文件以加快编辑过程。代理文件是由于分辨率较低而小于原始文件的第二个媒体文件。这样，可以使编辑的操作更容易。然后，当用户导出最终视频时，完整质量的原始媒体文件将得以保存。通常，用户选择“是”按钮以创建代理文件，从而获得更快的视频编辑体验。“创建代理文件”对话框，如图 4-24 所示。

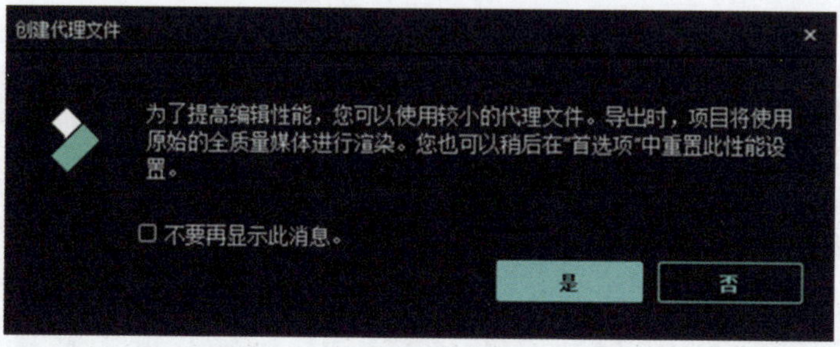

图 4-24 “创建代理文件”对话框

7. 一次选择多个文件

如果用户在单击文件时按 Ctrl 键或 Shift 键，就可以继续选择更多的文件。Ctrl 键允许用户选择文件列表中任意位置的多个文件，而不必相邻。Shift 键允许用户通过单击一个文件，然后按 Shift 键并单击最后一个文件来选择彼此相邻的一组文件，然后选择中间的所有文件。用户在单击文件时，按 Ctrl 键或 Shift 键，所选文件将保持选中状态。

8. 录制音视频

用户既可以通过网络摄像头在“万兴喵影”中录制视频，也可以录制计算机屏幕，还可以录制画外音。

（1）通过网络摄像头录制。用户要使用此功能，请先确保网络摄像头已正确地连接到计算机上。单击“媒体库”面板左上角的“录制”按钮。在弹出的捕获视频窗口中，单击“录制”按钮开始录制，然后再次单击它停止录制。然后，单击“确定”按钮将录制的视频文件保存到“拍摄的文件”文件夹中。录制的视频文件将自动添加到“媒体库”中，以便用户可以轻地将其拖到时间轴中。

（2）录制计算机屏幕。用户从“录制”菜单中选择“屏幕录制”选项，将弹出“万兴录屏”窗口。在此窗口中，用户可以设置视频的纵横比和录制的屏幕部分。单击“万兴录屏”窗口中红点图标开始录制，然后按 F9 键停止录制。录制的视频文件将自动添加到“媒体库”中，以便用户可以轻松地将其拖到时间轴中。“万兴录屏”窗口，如图 4-25 所示。

图 4-25　“屏幕录制”窗口

（3）录制画外音。用户在“录制”菜单中选择“录制画外音”选项，并确保麦克风已正确连接到计算机上。单击麦克风图标，3 秒钟后才能开始录制。在录制时，音频轨将添加到时间轴上，如图 4-26 所示。

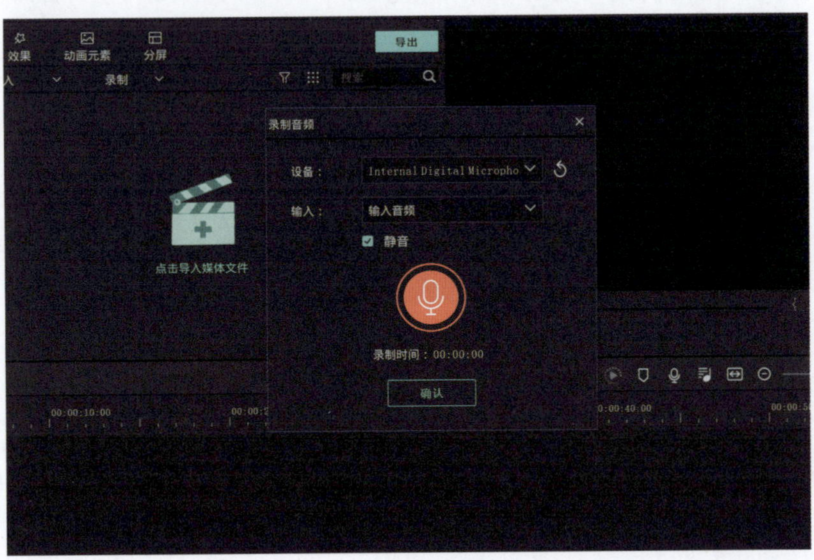

图 4-26　“录制音频”对话框

9．管理媒体文件

（1）按媒体文件的类型筛选媒体文件。用户可以根据影片、图片和音频类型筛选媒体文件，如图 4-27 所示。

（2）按名称、时长或创建日期等对媒体文件进行排序。用户选择是按“升序”还是按“降序”列出这些媒体文件，如图 4-28 所示。

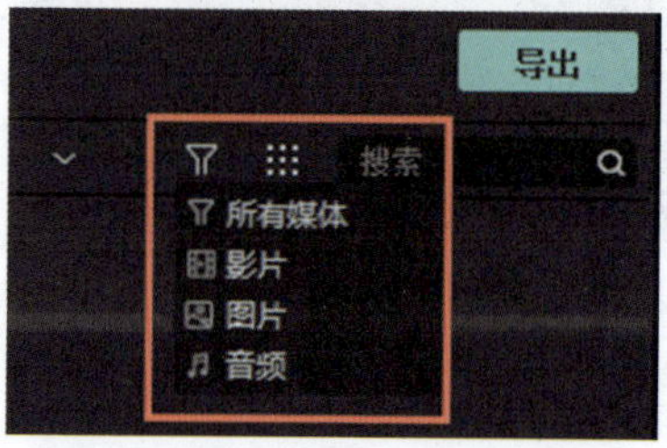

图 4-27　管理媒体文件菜单

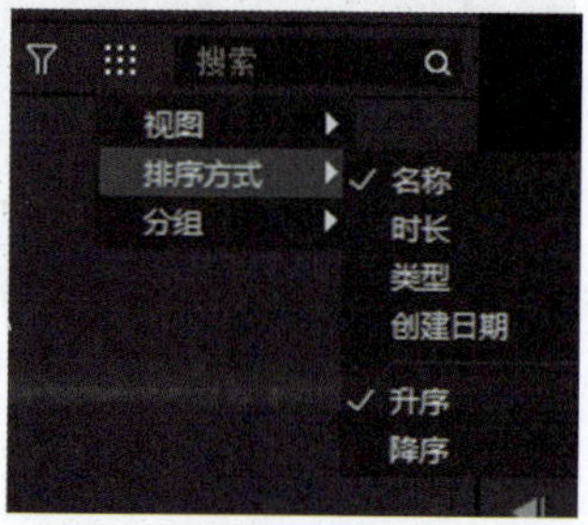

图 4-28　媒体文件排序方式设置

（3）搜索媒体文件。用户通过在“搜索”栏中键入媒体文件的名称来查找已导入的媒体文件。如图 4-29 所示。

图 4-29　搜索媒体文件

10．编辑视频

用户将媒体文件（视频、图像等）导入“万兴喵影”后，便可以开始编辑媒体文件。

（1）在“媒体库”中选择片段。

① 选择单个媒体文件：单击媒体文件缩略图。

② 选择多个媒体文件：按 Ctrl 键，单击要选择的媒体文件缩略图。

③ 选择序列媒体文件：单击序列中的第一个缩略图，按 Shift 键，然后单击序列中最后一个缩略图，如图 4-30 所示。

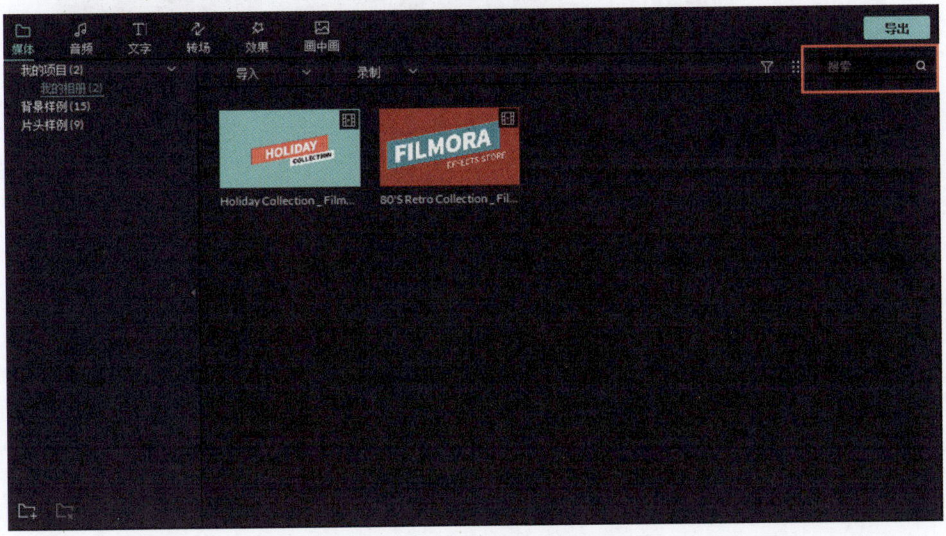

图 4-30　选择序列媒体文件

注意：用户可以利用“搜索”栏查找特定媒体文件。

（2）从“媒体库”中删除媒体文件。在“媒体库”中，右击要删除的媒体文件，然后单击“删除”按钮。

注意：从“媒体库”中删除视频片段或其他媒体文件时，只是将其从“万兴喵影”中删除，而不是从计算机或存储设备中删除。

（3）添加视频和其他媒体文件到时间轴中。以下是将媒体文件添加到时间轴的两种方法。

① 方法 1：单击“媒体库”中视频片段或其他媒体文件缩略图，将其拖放到时间轴中。

② 方法 2：右击所需媒体文件缩略图，然后选择其中选项，如图 4-31 所示。

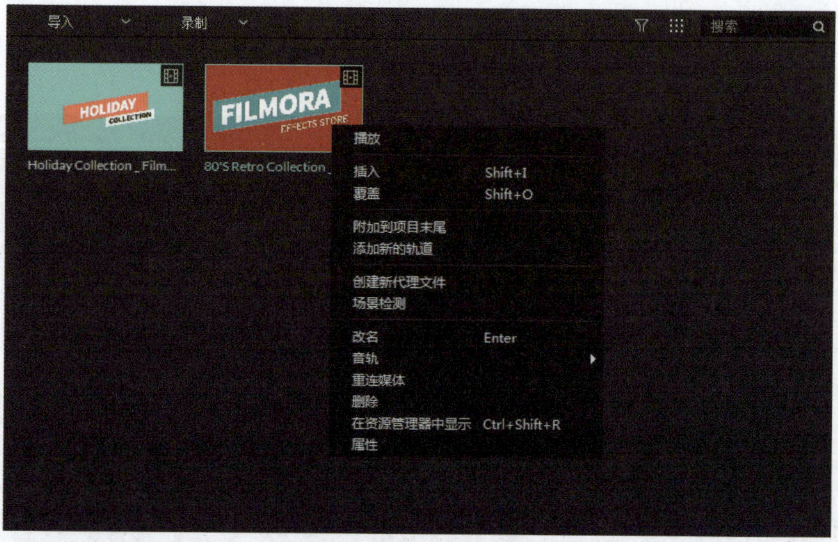

图 4-31　媒体文件右键菜单选项

插入：将媒体文件添加到游标的选定轨道。 轨道上的已有文件会根据插入媒体文件的长度被移动至右侧。

覆盖：将媒体文件添加到所选轨道的游标处，并替换该轨道上的已有文件。

附加到项目末尾：将媒体文件添加到所选轨道的最后。

添加新的轨道：将媒体文件添加到没有其他文件的新创建的轨道。

注意：轨道在锁定的情况下，用户无法添加媒体文件至选定轨道。

（4）获取背景样例或片头样例。“万兴喵影”系统自带几种背景样例和片头样例。用户要获取这些资源，选择“媒体”菜单中“背景样例”或“片头样例”选项。背景样例，如图 4-32 所示。

（5）从时间轴中删除视频片段或其他媒体文件。从时间轴中删除单个视频片段或其他媒体文件。用户可以右击时间轴中媒体文件并选择“删除”选项，也可以选中视频片段并单击工具栏中的“删除”按钮，还可以选中视频片段并按 Delete 键。

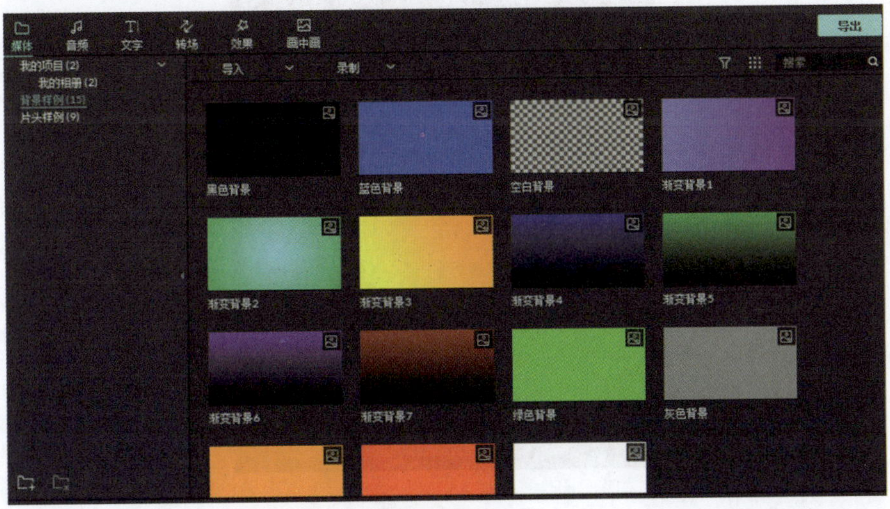

图 4-32　背景样例

从时间轴中要删除多个视频片段或其他媒体文件，用户可以按 Ctrl 键，然后选中媒体文件，并单击“删除”图标，或右击时间轴中媒体文件并选择“删除”选项来删除媒体文件。

（6）波纹删除。使用上述方法删除媒体文件将在时间轴中留下一段间隙。如果用户想要删除媒体文件并避免出现间隙，就可以使用“波纹删除”功能。

右击需要删除的媒体文件（或按 Ctrl 键并选中多个媒体文件），选择“波纹删除”选项以删除该媒体文件，并让轨道中剩余的媒体文件移动以填补空白区域。“波纹删除”选项如图 4-33 所示。

（7）裁剪视频片段。如果用户需要从视频片段（或其他媒体文件）的开头或结尾进行裁剪，就可以将鼠标悬停在时间轴中视频片段的左边缘或右边缘上，直到裁剪图标出现，单击向前或向后拖动视频片段的边缘以剪掉不需要的部分。时间轴与播放线，如图 4-34 所示。

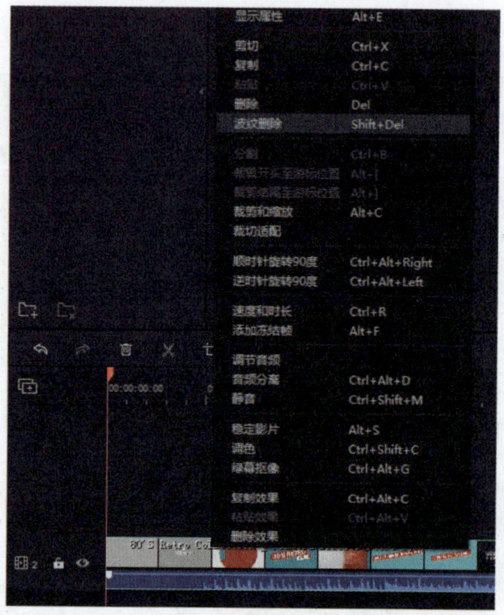

图 4-33　“波纹删除”选项

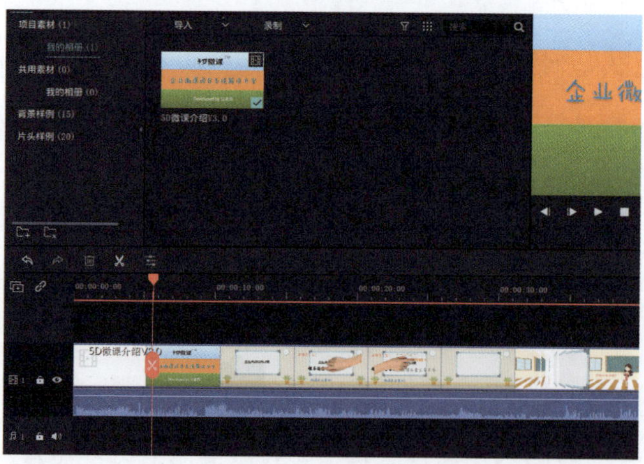

图 4-34　时间轴与播放线

如果用户需要裁剪视频片段中间的部分，就将游标拖到不需要的部分为起始点，然后单击“剪刀”图标进行视频片段分割，将游标拖到不需要的部分末尾并再次单击“剪刀”图标，选中这部分视频片段并按“删除”图标将其删除，如图 4-35 所示。

图 4-35　裁剪时间轴视频片段中间的部分

另外，还可以从视频片段的开头或结尾快速裁剪。在时间轴中，将游标放在要裁剪的帧上，右击选中片段，然后选择“裁剪开头至游标位置”或“裁剪结尾至游标位置”选项，具体取决于用户是要删除游标后面视频片段还是游标前面的视频片段。视频片段快速裁剪设置，如图 4-36 所示。

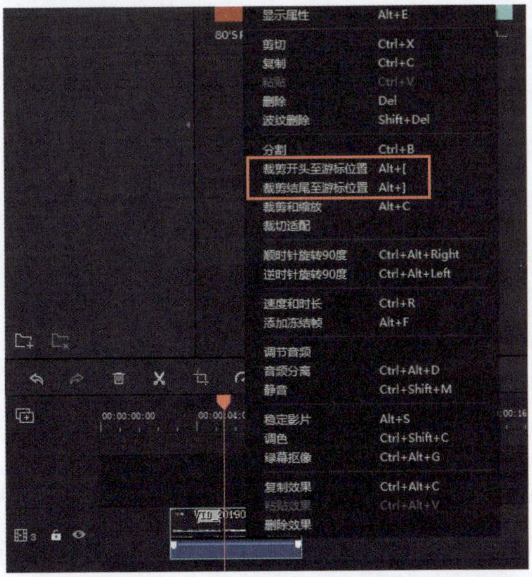

图 4-36　视频片段快速裁剪设置

（8）分割视频片段。在时间轴上手动分割视频片段：将游标放在要分割片段的位置，右击选中视频片段，然后选择“分割”选项。

使用“场景检测”功能分割视频片段：右击“媒体库”面板中的视频片段，然后选择“场景检测”选项。在弹出的对话框中，单击“检测”按钮。场景检测可能需要一些时间。在检测完成后，选择不需要的场景，按 Delete 键将其删除。“场景检测”对话框如图 4-37 所示。

图 4-37　“场景检测”对话框

（9）旋转或翻转视频片段。

① 双击时间轴中的视频片段。

② 在弹出的“视频”面板中，选择“形变”效果，如图 4-38 所示。

③ 要旋转视频片段，向右拖动旋转滑块或在“旋转”区域文本框输入数值。

④ 在“翻转”区域，单击“水平翻转”图标从左向右翻转视频，或单击“垂直翻转”图标将片段上下翻转。

单击“重置”按钮以撤销更改，或单击“确认”按钮将效果应用于视频片段。用户也可以右击时间轴中的视频片段，选择“顺时针旋转 90 度”或“逆时针旋转 90 度”选项进行旋转设置。

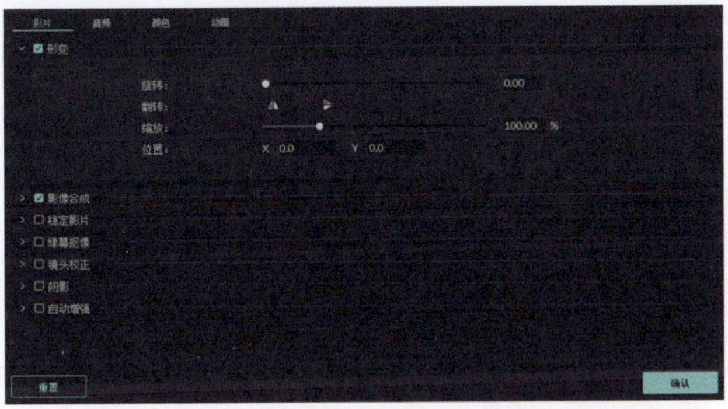

图 4-38　“形变”效果设置界面

（10）裁剪或放大部分视频片段。按照以下步骤裁剪并放大部分视频片段。

① 右击时间轴中的视频片段。

② 从菜单中选择“裁剪和缩放”选项，或单击“裁剪”图标以打开“裁剪和缩放”面板。

③ 在弹出窗口中，移动并调整矩形至要裁剪的区域。用户也可以从以下预设尺寸中选择：16:9、4:3、1:1、9:16。“裁剪和缩放”弹出窗口，如图 4-39 所示。

图 4-39　“裁剪和缩放”弹出窗口

（11）整合视频。连接功能适用于有多个视频片段并将它们组合成一个视频片段的情况。用户要连接视频片段，按顺序将它们排列在时间轴中，从而导出成为一个视频。

（12）复制和粘贴视频片段。在时间轴中复制和粘贴视频片段时，会保留片段与片段之间的间距。消除间距的具体操作步骤如下：

步骤 1：选择序列中的一个或多个视频片段，右击，然后选择“复制”选项。

步骤 2：在时间轴中，将游标定位在要粘贴剪辑副本的位置。

步骤 3：右击并选择“粘贴”选项。

注意：如果在粘贴之前轨道中有视频片段，那可能会被粘贴的视频片段覆盖。

（13）强化视频片段。通过调整白平衡、色调、3D LUT 来强化视频片段效果。

双击时间轴中目标视频片段进入“编辑”面板，然后选择“颜色”选项卡，如图 4-40 所示。

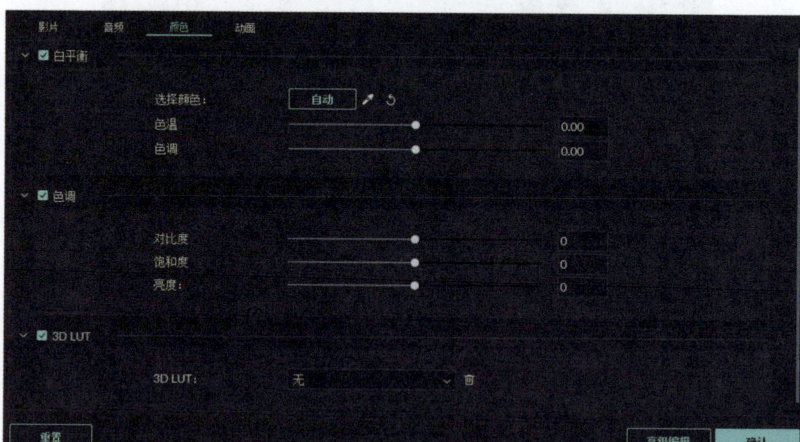

图 4-40　“颜色”选项卡

用户分别拖动滑块以调整视频的色温、色调、对比度、饱和度和亮度。如果用户知道精确调整的参数，就可以输入数值。如果用户想一次性调整视频，就可以使用 3D LUT 效果。另外，用户还可以通过“预览窗口”来查看调整效果。

单击“高级编辑”按钮进入“高级调色”弹出窗口，用户可以找到“预设”列表中 3D LUT、颜色、光效、HSL、晕影等选项，如图 4-41 所示。

图 4-41 “高级调色”弹出窗口

另外，用户还可以通过右击视频片段，然后选择“调色”选项或单击工具栏中的“颜色”图标进入“高级调色”窗口。

（14）调整视频播放速度。右击时间轴中的视频，然后选择“速度和时长”以打开“自定义速度”对话框，如图 4-42 所示。拖动速度滑块可以调整视频的速度或通过更改视频时长来更改速度；也可以将视频速度快放至 100 倍或慢放至 0.01 倍。

在“自定义速度”对话框中，既可以选择“启用倒放：”的选项来倒播，又可以单击工具栏中的“速度”图标来调整视频播放速度。

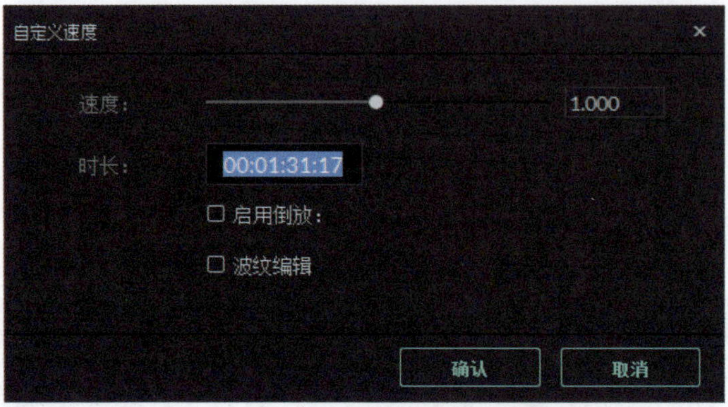

图 4-42 “自定义速度”对话框

“万兴喵影”提供速度控制预设，可以快速地将视频播放速度降低到 0.5x、0.25x、0.1x、0.05x 或 0.01x，或者使其速度提高 4 倍、8 倍、20 倍、50 倍或 100 倍。视频播放速度设置界面，如图 4-43 所示。

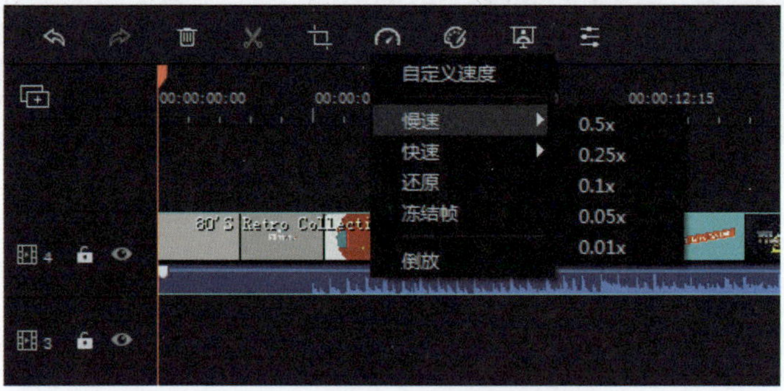

图 4-43 视频播放速度设置界面

（15）创建“冻结帧”。“冻结帧”是表示视频片段单个帧的静止图像。“冻结帧”通常用于让视频看起来像是在特定时刻停止的场景。以下是在“万兴喵影”中创建“冻结帧”的方法。

① 在时间轴中，将游标移动到要冻结的帧。

② 单击工具栏中的“调速”图标，然后选择“冻结帧”选项，如图 4-44 所示。

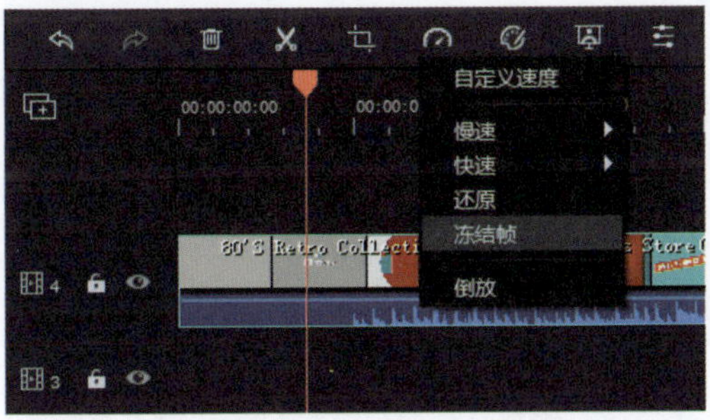

图 4-44　“冻结帧”选项

③ 通过拖动其边缘来设置“冻结帧”时长。

另外，还可以通过转到“文件>首选项>编辑”来更改默认冻结帧时长，如图 4-45 所示。

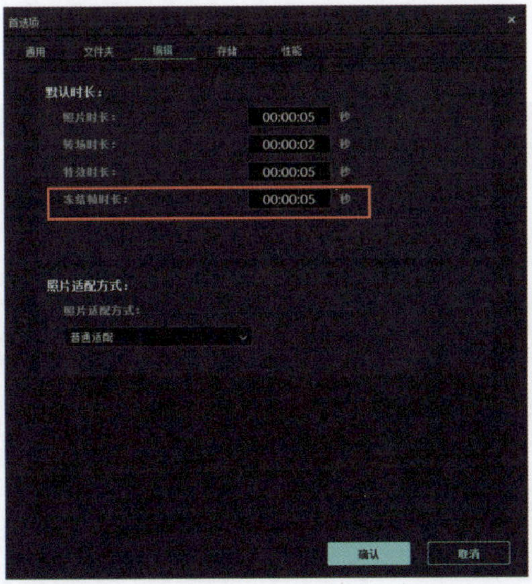

图 4-45　“冻结帧时长”设置界面

（16）放大和缩小时间轴。用户要放大或缩小并更精确地查看时间轴，可以使用以下方法。

① 找到时间轴右上角的“放大/缩小”滑块。单击并向前/向后拖动滑块以放大/缩小时间轴。

② 单击“+”图标放大时间轴，或单击“-”图标缩小时间轴。

③ 单击“双箭头”图标来自动缩放以自动匹配整个时间轴。

④ 按快捷键 Ctrl +[+]放大时间轴，或按快捷键 Ctrl +[-]缩小时间轴。

（17）调整视频的大小。如果用户需要调整视频的大小，就可以将其拖放到时间轴中以剪切部分视频片段，或者用户可以在导出窗口中更改分辨率、帧速率和比特率以降低视频的大小。如果用户需要更改视频的显示大小，就可以使用“缩放”滑块。

右击需要在时间轴中调整大小的视频片段，然后选择“显示属性”选项，并单击弹出窗口中的“视频”栏。切换至“形变”选项卡并向右或向左拖动“缩放”滑块以调整视频片段的大小。“形变”设置功能，如图 4-46 所示。

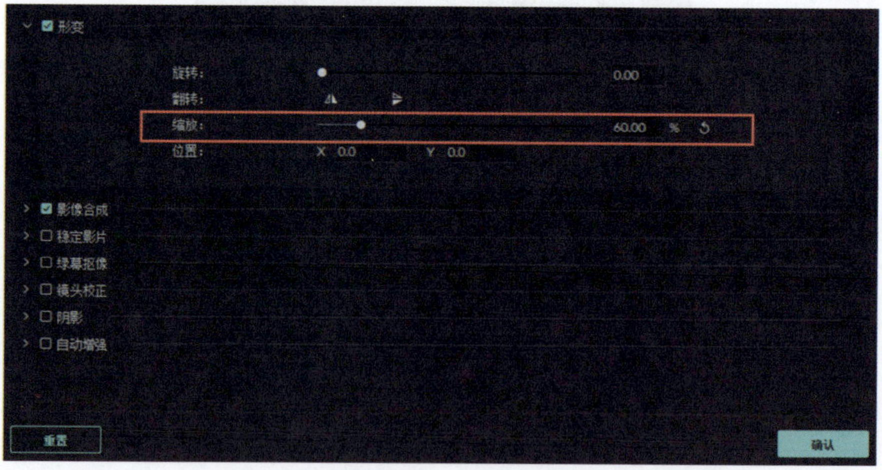

图 4-46 “形变”设置功能

（18）在视频片段中添加水印或 Logo。将视频片段和水印或 Logo 导入“媒体库”后，再将视频片段拖放到视频轨道（如轨道 1），将水印或 Logo 拖放到其上方的轨道。

在“预览”窗口中拖动水印或 Logo，将其移动到用户想要的位置。用户要调整水印或 Logo 的大小，可以在“预览”窗口中拖动其小边框和方块。

用户调整水印或 Logo 的透明度或混合模式（如使其透明），双击时间轴中的 Logo 以打开“图像”面板并转到“影像合成”选项卡，选择混合模式（即变暗）并使用“透明度”滑块调整透明度。如图 4-47 所示。

图 4-47　调整水印或 Logo

（19）播放质量。用户调整“预览”窗口的播放质量，以获得更流畅的视频体验。例如，用户可以通过以低于完成项目所需的分辨率播放视频或创建要编辑的代理媒体文件来提高其预览性能。

代理媒体文件是更容易编辑视频片段的可管理版本。它们在数据方面较小（如它们的分辨率较低），用户可以使用“万兴喵影”的代理媒体文件进行编辑，然后使用全尺寸原始片段进行导出。

① 设置“播放质量”。降低播放质量可以消除滞后并节省用户的时间。单击“预览”窗口右下角的“显示”图标，然后选择“播放质量”选项并从以下选项列表中进行选择。“播放质量”设置界面如图 4-48 所示。

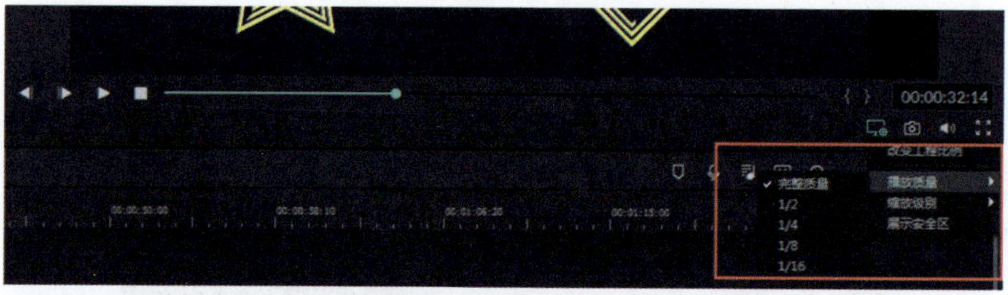

图 4-48　“播放质量”设置界面

完整质量：预览视频而不更改原始分辨率。

1/2：以原始分辨率的 1/2 预览视频。

1/4：以原始分辨率的 1/4 预览视频。

1/8：以原始分辨率的 1/8 预览视频。

1/16：以原始分辨率的 1/16 预览视频。

注意：降低播放分辨率仅适用于视频预览，不会影响视频导出设置。

11．贴纸、转场、音效

贴纸是可用于装饰视频的动态图形，用户可以在“动画元素”菜单中设置，如图 4-49 所示。

用户可以在各个视频片段之间添加“转场”效果，使视频片段衔接更自然，同时增加视频的表现力。

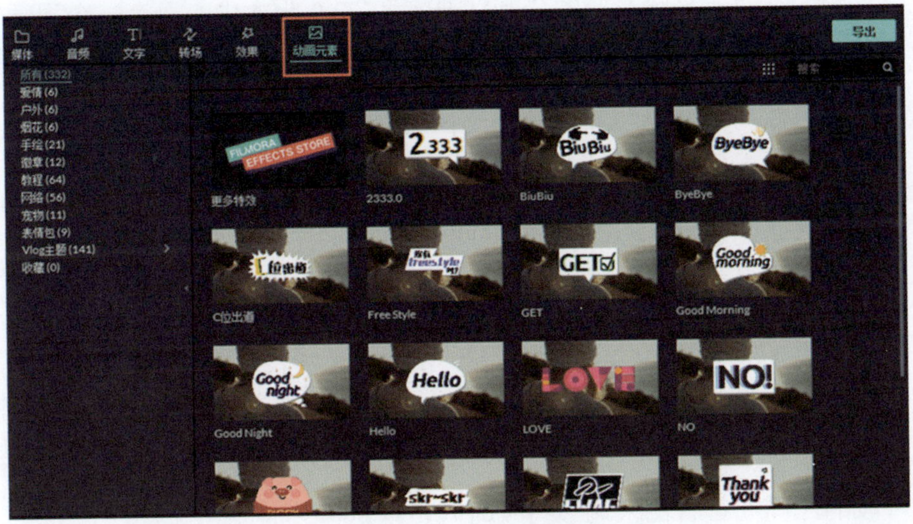

图 4-49　“动画元素”设置界面

音效有许多有趣和实用的使用方法，“万兴喵影”内置了 20 多种免费的音效。

用户在“万兴喵影”中经常使用以下三种特效。

（1）删除、收藏贴纸元素。

① 删除贴纸元素。从项目中删除贴纸元素。一般有两种方法可以从视频中删除贴纸元素。

方法 1：选中要删除的元素，然后按 Delete 键。

方法 2：右击时间轴上贴纸元素，然后从菜单中选择“删除”选项。

② 收藏一个贴纸元素。右击“画中画”菜单中的贴纸元素，然后选择“加入收藏”选项。

（2）添加、删除、收藏“转场”效果。

① 添加“转场”效果。

在项目的视频或图像之间添加“转场”效果。在“媒体库”中选择“转场”

选项卡，找到目标“转场”效果，并将其拖动到时间轴中的两个视频片段之间。

注意：在“万兴喵影”的“万兴神剪手”2.0 版本中，只有一个视频轨道可以添加“转场”效果。而在“万兴喵影”的“万兴神剪手”3.0 及更高版本中，可以将“转场”效果应用于任何视频轨道。

应用 1：“转场”效果应用于单个视频片段或图片中。

a．将视频片段或图片拖放到时间轴中。

b．在“媒体库”中选择“转场”菜单。

c．将目标“转场”效果拖动到时间轴中视频片段或图像的开头或结尾。

用户想要更改“转场”的持续时间，可以在时间轴中双击对象，然后输入新的持续时间。另外，用户还可以将目标“转场”效果拖动到时间轴中视频片段的左侧或者右侧来调节持续时间，默认持续时间为 2 秒。

前缀转场，如图 4-50 所示。

图 4-50　前缀转场

后缀转场，如图 4-51 所示。

图 4-51　后缀转场

应用 2：“转场”效果除应用于单个视频片段或图片以外，还可以应用在两个视频片段或两个图片之间。

a．将视频片段或图片拖放到时间轴中。

b．在“媒体库”中选择“转场”菜单，选中一个合适的“转场”效果，然后将其拖动到两个视频片段或两个图片之间。

同理，用户也可以更改“转场”持续时间，如图 4-52 所示。

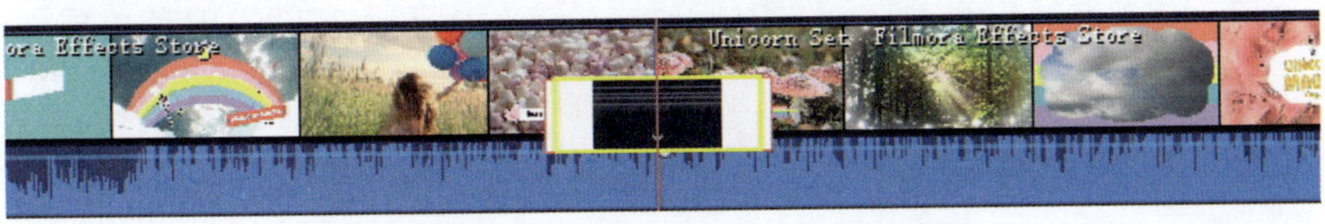

图 4-52　更改“转场”持续时间

注意：当视频或图片的时长不够承载一个“转场”效果时，可以使用裁剪框架进行过渡。

② 删除“转场”效果。

方法 1：选择时间轴中需要删除的“转场”效果，然后按 Delete 键。

方法 2：右击时间轴中的“转场”效果，然后从菜单中选择“删除”选项。

③ 将常用的转场效果添加到收藏夹。右击“转场”效果，在菜单中选择“过渡”选项，然后选择“加入收藏”选项，如图 4-53 所示。

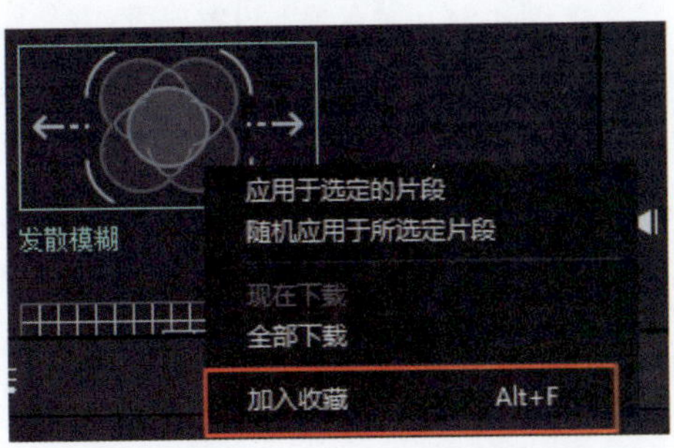

图 4-53　“加入收藏”选项

（3）添加、删除、收藏音效。

注意：在“万兴喵影”中的音乐和音效仅供个人使用和非商业用途使用。

① 添加“音效”。在“媒体库”中打开“音频”菜单，然后单击“音效”选项进入该类别。选择要添加到项目中的“音效”效果，然后将其拖动到时间轴中的音频轨道中。

同时，用户还可以调整音效。

① 淡入或淡出音效。双击时间轴中的音效以调出音频设置菜单界面。调整滑块可为音效添加淡入、淡出效果并设置其持续时间。

② 调节音效的音量。在“音频”设置界面，向上或向下拖动“音量”滑块可使音效声音变大或变小，如图 4-54 所示。

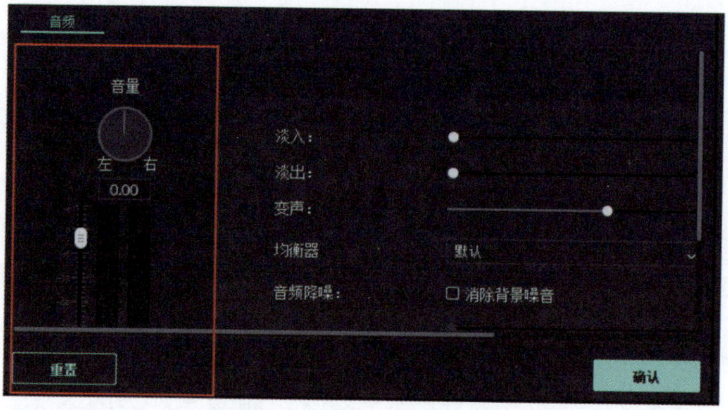

图 4-54 “音频”设置界面

② 从项目中删除“音效”效果。用户选择要在时间轴中删除的“音效”效果，然后按 Delete 键将其从项目中删除。用户也可以右击时间轴中的音效，然后选择“删除”选项。

③ 收藏喜欢或者常用的音效。右击“音频”菜单中的音效，然后选择“加入收藏”选项。

12.“万兴喵影”Windows 版本快捷键

Windows 版本快捷键，如表 4-1 所示。

表 4-1　Windows 版本快捷键

模块	功能	快捷键
文件	新建工程	Ctrl+N
	打开已有工程	Ctrl+O
	保存工程	Ctrl+S
	工程另存为	Ctrl+Shift+S
	打包工程	Ctrl+Shift+A
	导入媒体文件	Ctrl+I
	录制旁白	Alt+R
	程序设置	Ctrl+,
	退出程序	Alt+F4
编辑	撤销	Ctrl+Z
	重做	Ctrl+Y
	剪切	Ctrl+X
	复制	Ctrl+C
	粘贴	Ctrl+V
	删除	Delete
	波纹删除（删除不留空隙，该处后面所有轨道都前移）	Shift+Delete
	全选	Ctrl+A
	拷贝效果	Ctrl+Alt+C
	粘贴效果	Ctrl+Alt+V
	删除效果	无
时间轴	打开片段属性编辑面板	Alt+E
	分割	Ctrl+B
	所选片段开头位置剪切到游标	Alt+[
	所选片段结尾位置剪切到游标	Alt+]
	打开裁剪与缩放二级界面	Alt+C
	顺时针旋转 90 度（当前角度+90 度）	Ctrl+Alt+右箭头
	逆时针旋转 90 度（当前角度-90 度）	Ctrl+Alt+左箭头
	打开片段属性编辑面板，展开调速选项，收起其他选项	Ctrl+R
	增加“定帧”	Alt+F

续表

模块	功能	快捷键
时间轴	打开片段属性编辑面板，切换至“音频”页	无
	音视频分离	Ctrl+Alt+D
	静音	Ctrl+Shift+M
	打开片段属性编辑面板， 展开“稳像”选项，收起其他选项， 同时开始稳像	Alt+S
	打开高级调色二级界面	Ctrl+Alt+C
	打开片段属性编辑面板， 展开“色度键”选项，收起其他选项	Ctrl+Alt+G
资源区	媒体资源：播放媒体文件	Space
	媒体资源：插入时间线	Shift+I
	媒体资源：覆盖至时间线	Shift+O
	媒体资源：将时间线选中片段替换为资源区所选片段	Alt+拖曳至目标片段
	媒体资源：附加到项目末尾	无
	媒体资源：添加新的轨道	无
	媒体资源：创建代理	无
	媒体资源：取消创建代理	无
	媒体资源：资源区重命名	Enter
	媒体资源：将工程内所有用到该素材的地方替换为新素材	无
	媒体资源：删除	Delete
	媒体资源：在文件浏览器中打开	Ctrl+Shift+R
	效果资源：应用（添加效果到时间线）	Alt+A
	效果资源：添加效果到收藏	无
	效果资源：下载所选待下载资源	无
	效果资源：下载所有待下载资源	无
	效果资源（转场）： 应用转场到所有片段	无
	效果资源（转场）： 应用转场到所选片段	无
View	播放	Space
	停止	Ctrl+/
	全屏	Alt+Enter
	上一帧	Left

续表

模块	功能	快捷键
View	下一帧	Right
	上一个编辑点	Up
	下一个编辑点	Down
	上一秒	Shift+Left
	下一秒	Shift+Right
	上一个标记点	Shift+Up
	下一个标记点	Shift+Down
	跳至工程开头	Home
	跳至工程结尾	End
	跳至所选片段开头（首帧）	Shift+Home
	跳至所选片段结尾（尾帧）	Shift+End
	缩小时间线刻度	Ctrl+ =
	放大时间线刻度	Ctrl+ -
	缩放时间线刻度满一屏	Shift+Z
标记	设置入点	I
	设置出点	O
	清除入点	Alt+I
	清除出点	Alt+O
	添加标记点	M
	删除标记点（需选中标记点，支持多选）	Delete
	编辑标记点（打开标记点编辑弹窗）	Shift+M
	上一个标记点	Shift+Up
	下一个标记点	Shift+Down
其他	帮助	F1
	输出	Ctrl+E

4.2 视觉化微课制作工具二——Focusky

Focusky 是一款基于虚拟画布图形化视觉呈现的演示软件，同时兼具音频、视频的内置录制功能，并支持多种格式的目标成果文件直接导出。最让人欣喜的是 Focusky 内置非常丰富而强大的素材库。这些素材涵盖了矢量图、GIF 动画、Flash 动画、卡通人物动画、图表等设计与制作微课成品所需要的素材。

Focusky 创作界面，如图 4-55 所示。

图 4-55　Focusky 创作界面

Focusky 是一款优秀的微课制作工具。用户利用 Focusky 所制作的文稿编辑页面共分为五个区域。

❑ 4.2.1 区域一：左上角“路径创建工具”

Focusky 的演示路径创建有四类，分别为矩形帧、方括号帧、圆形帧、不可见帧，如图 4-56 所示。其中，矩形帧是指在中间虚拟画布区域用一个矩形的实线框或实体图形圈中一块区域作为演示路径中呈现的一个画面页面。方括号帧是指用一个方括号型方框在虚拟画布中圈中一块区域作为演示路径中呈现的一个画面页面。圆形帧是指用一个圆形图形在虚拟画布中圈中一块区域作为演示路径中呈现的一个画面页面。不可见帧是指用一个矩形框在虚拟画布中圈中一块区域作为演示路径中呈现的一个画面页面。需要注意的是，不可见帧所创建的矩形框在编辑状态下是可见的实线矩形框，但在演示状态下或导出成品后是看不见的，所以称为“不可见帧”。

图 4-56 四种常用帧

矩形帧、方括号帧、圆形帧三类演示路径创建工具都存在外边框和本体两部分。这两部分分别设置不同的颜色、透明度、线框粗细等。“矩形帧”工具菜单，如图 4-57 所示。

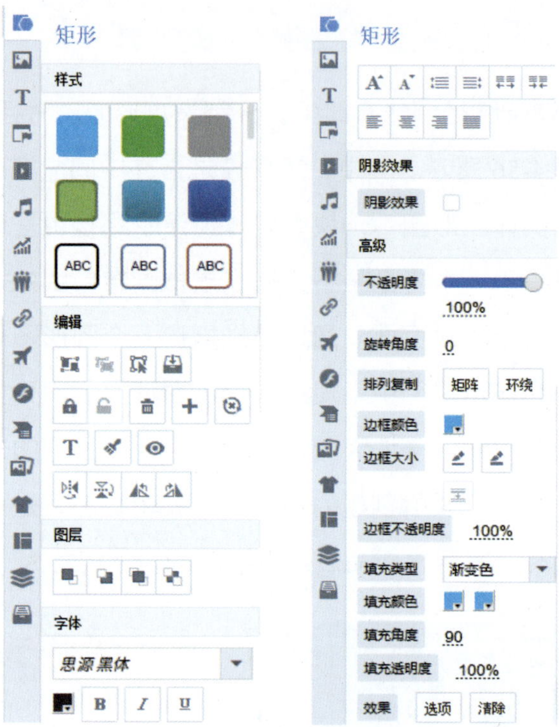

图 4-57 “矩形帧”工具菜单

从图 4-57 中选中一块矩形帧，在右侧的工具菜单可对其进行多项操作：样式、编辑、图层、字体、阴影效果、高级等。因具体细项太多，此处不再赘述。前面提到的外边框和本体的设置功能就在“高级”选项的“边框颜色”和“填充颜色”中完成，通过这两个细项可以对其外边框与本体的颜色和透明度等进行设置。同理，圆形帧和方括号帧也可以进行这样的操作。

❑ 4.2.2 区域二：左中下角“路径预览及操作区”

Focusky 路径预览及操作区域所在的位置与 PPT 的类似。在这里显示出了一篇 Focusky 文稿已创建的路径页面及次序，单击某个页面的预览图便可以进行上下拖动以调整次序，还可以通过预览图对该页面进行一些操作，如图 4-58 所示。

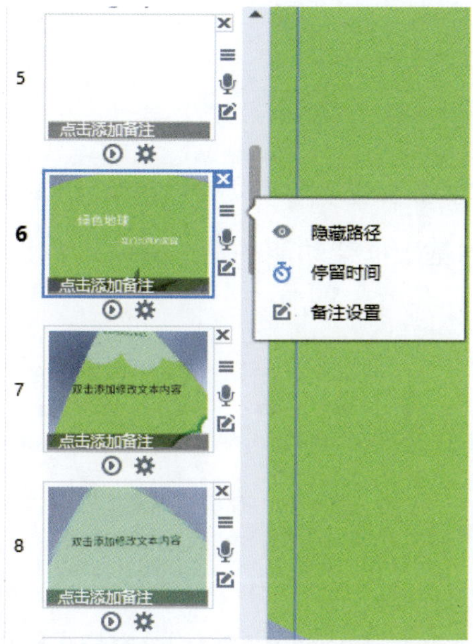

图 4-58　路径预览操作菜单

当选中预览区域某个路径页面图时，便可以通过页面图右侧和下方的按钮对其进行操作。先来看右侧“三条杠”，单击后对应的是三个选项：“隐藏路径”就是进入演示全屏后该页面不显示，直接跳过；“停留时间”是指当进入演示全屏以后在不手动翻页的情况下会自动在该页停留的时长；“备注设置”是为该页添加备注讲授词。需要注意的是，当用户要开始进入全屏演示状态时选择“分屏视图”才能在屏幕上显示出用户所撰写的备注讲义内容。右侧第二个按钮是为本页面录制音频录音，可喜的是 Focusky 所提供的音频录制功能中还附带了“文字转语音”的功能，这对于某些发音不太标准的人来说是一个很好的替代方案。右侧第三个按钮具有备注设置的功能。再来看底部的两个按钮：第一个“播放”按钮用于设置当进入全屏演示状态后是否自动播放完当前页面的动画后直接进入下一页面；第二个按钮是设置当进入全屏演示状态后在当前页面停留的时间及包含第一个按钮功能的复选框。

❑ 4.2.3 区域三：中间顶部“顶级菜单栏”

Focusky 与所有的软件工具一样都有顶部一级菜单。这个区域的菜单是其软件所能实现的基础框架功能的第一入口，称为“顶级菜单栏”，如图 4-59 所示。

图 4-59 顶级菜单栏

图 4-60 “插入”菜单

其中，新建 Focusky 菜单是指当制作一篇 Focusky 文稿时，用户可随时通过这个按钮再次新建一篇文稿。

“首页”菜单是回到 Focusky 的初始界面并同时保存退出当前 Focusky 文稿。

“新建”菜单代表回到 Focusky 初始界面来选择一篇模板开始制作一篇新的 Focusky 文稿。

“插入”菜单，如图 4-60 所示。

通过“插入”菜单可以支持插入多种自有素材库及外源的素材与对象。其中，自有素材库包含“思维导图”“图形”“文本”“录幕录制”“艺术图形”“特殊符号”“公式”“图表”“内容布局”“角色”等，可以插入的外源素材及对象包含“图片”“超链接”“SWF”“视频”“网络视频”“音乐”“PhotoShop”“PDF”“Office 文档”等，比较特殊的是“文本”和“屏幕录制”两项。插入“文本”即在虚拟画布的某个位置输入文本。而“屏幕录制”则是 Focusky 内置这项功能让用户快速进行电脑画面操作行为的录制，待录制完成后即保存为本地视频并可以直接插入当前正在编辑的 Focusky 文稿中。

例如，插入“思维导图”作为文稿内容的一个载体，如图 4-61 所示。

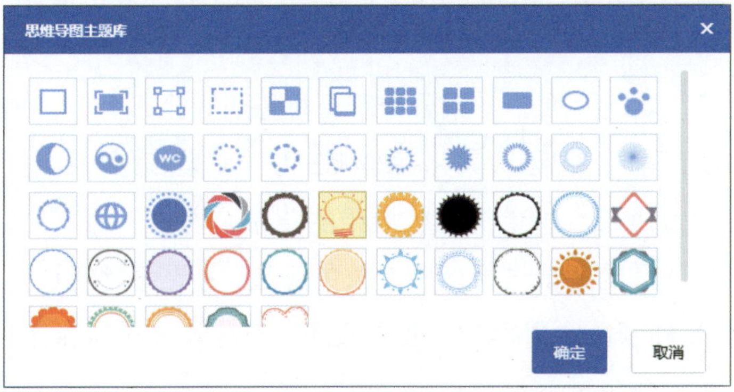

图 4-61 “思维导图主题库”界面

选择“思维导图主题库”中任意一个框架图形，以灯泡图形为例，如图 4-62 所示。

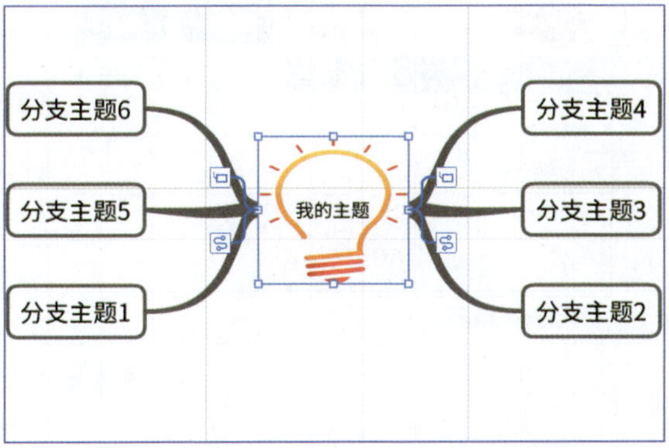

图 4-62 “思维导图”示例

大家从图 4-62 中可以清晰地看到插入一个“灯泡”图形结构的思维导图。当选中“灯泡”图形时，在“灯泡”图形的两边便出现了四个延伸出来的按钮，其中左边上方的按钮是为该“灯泡”主题思维导图增加左侧的二级目录分支，而左边下方的按钮是为该“灯泡”主题思维导图增加左侧的三级目录分支。这两个按钮都是用户每单击一次便增加一个二级目录分支或三级目录分支。同理，右边上、下两个按钮的功能也是相同的，只是右边按钮单击增加的二级目分支与三级目录分支是在以“灯泡”主题的思维导图结构的右侧。

在“背景”功能页面中一共分为四个标签页，分别为“背景颜色”“图片背景”“3D 背景”“视频背景”。图 4-63 为“背景颜色”标签页。用户可以看到软件预置了几十种带有颜色效果的背景，而在下方“高级选项”中可以针对当前选择的背景进行颜色效果的修改，主要有“纯色”“线性渐变”“径向渐变”三种颜色效果模式。拖动底部的颜色渐变设置条上的滑块便可以添加一个新的颜色渐变设置点。

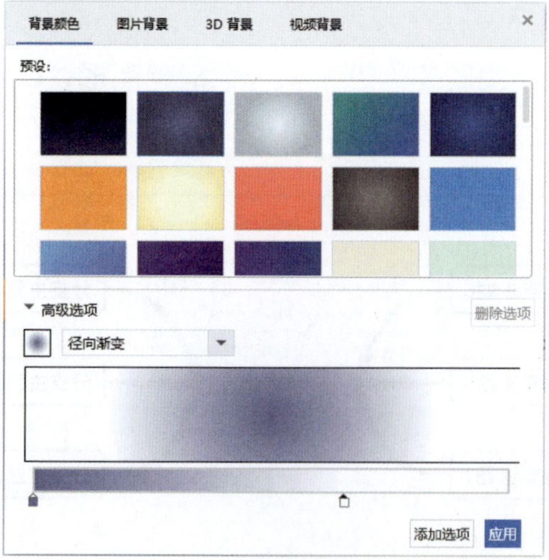

图 4-63　“背景颜色”标签页

另外，“图片背景”标签页是通过选择一张软件内置图片或选取一张来自计算机本地存储的图片作为本篇 Focusky 文稿的背景。“3D 背景”标签页可以设置多层背景作为本篇 Focusky 文稿的背景。多层背景不仅包括后置背景图片的多层，还可以设置前景图片，使画面更具三维特效。“视频背景”标签页就是加入一段循环播放的视频作为本篇 Focusky 文稿的背景，这项功能非常棒，但一定要慎用。因为视频会干扰受众的视线，从而降低了受众对文稿内容信息的读取效率。

“动画”菜单可以帮助用户针对文稿中每一步路径画面中的元素与对象进行动画设置。“动画”编辑页面，如图 4-64 所示。

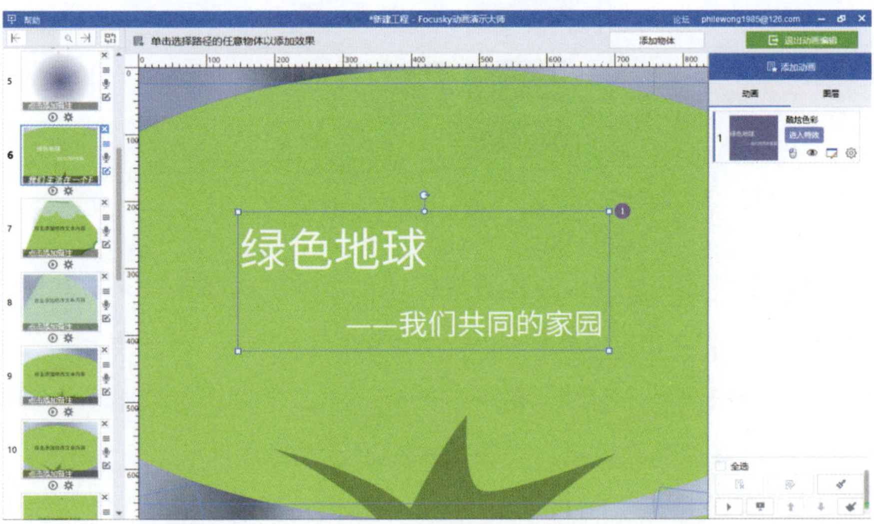

图 4-64　“动画”编辑页面

大家从图 4-64 中可以看到当进入“动画”编辑页面以后，软件窗口可以划分为三个区域。左侧区域仍然是文稿内容每一步路径缩略图，通过它可以快速定位至用户想要进行动画设置的路径页面，当用户选定一步路径页面时。中间区域的画布中就会显示这个步骤的路径图中所有元素与对象，如文本、图片、图形、表格、角色动画等。于是，用户便可以通过单击选中一个元素或对象，然后在右侧区域的上方单击“添加动画”按钮就可以为当前选中的元素或对象来设置动画效果了。当用户设置好动画效果以后，在右侧中间区域便会出现为每一个元素或对象设置好的动画的“状态条”。“添加动画”设置界面，如图 4-65 所示。

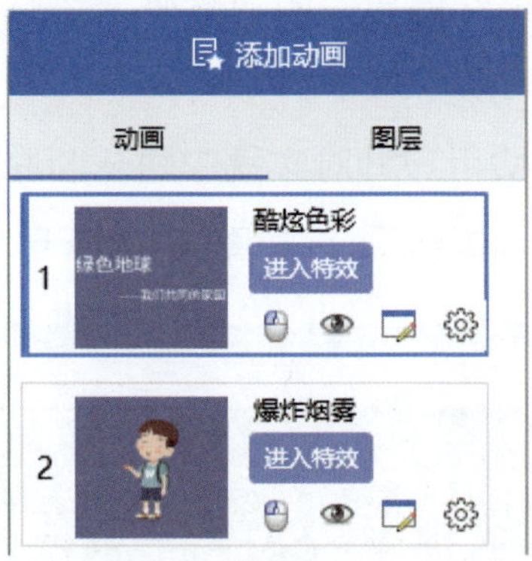

图 4-65　“添加动画”设置界面

另外，用户还可以通过这些设置好了动画的“状态条”来对其进行修改与完善。从图 4-65 中可以看到每个动画的“状态条”右下角分别有四个按钮：第一个按钮是修改动画触发的方式；第二个按钮是预览动画效果；第三个按钮是更改动画效果；第四个按钮是设置动画时长及延时数。

“交互”菜单是为了在 Focusky 文稿中具体页面设置通过交互动作来触发元素或对象的动画，有出场动画、动作动画、消失动画及组合动画等。谈起“交互”动画最早要追溯到“网页三剑客”中的 Flash 软件，熟知 Flash 软件的朋友都知道可以用 Flash 软件制作动画游戏。很多人还记得当年红遍大江南北的小小动画系列，那是国产 Flash 动画经典人物。而通过 Flash 软件设计的动画游戏就是通过它的软件中自带的 Action Script 语言来进行编写的，但在 Focusky 文稿中不仅应用了 Action Script 语言，还加入 CSS3

样式语言，因此得以实现其“交互”动画功能。下面将介绍具体如何设置“交互”动画。“交互”动画设置界面详见图 4-66 所示。

图 4-66　“交互”动画设置界面

其实，添加“交互”动画与添加对象或元素的动画界面功能分布是一致的，主要分为以下三个步骤。

第一步，从左侧的路径缩略图中选择文稿中的其中一个路径画面。

第二步，从选中的路径画面中选择一个对象或元素，也可以单击界面右上角的“添加物体”按钮来增加一个对象或元素，从而为其设置交互动画。

第三步，当用户选中一个对象或元素后，便可以通过下方的交互列表来对其进行交互动作的设置。通常，鼠标的交互动作分为“鼠标单击”“鼠标进入”“鼠标离开”“鼠标按下”“鼠标弹起”“鼠标双击”六种动作类型，然后再选择一个“触发对象”选项。这个“触发对象”选项也是当前路径画面中的任一个对象或元素，然后就是设定“触发行为”。“触发行为”主要有“改变属性”“改变不透明度”“播放动画”“改变文本样式”“改变艺术字或纹理字样式”等选项，这些都设置好以后单击“保存”按钮即可。

如果要为当前路径画面接着再设置更多的交互动画，那单击“增加交互”按钮，等到设置完所有需要的交互动画，一定要单击右上角的“退出交互模式”按钮从而进入文稿编辑状态，否则在当前状态下不建议对文稿的内容进行任何修改。

如图 4-67 所示，“选项”对话框是针对 Focusky 软件及文稿通用性的设置与说明。

图 4-67 “选项”对话框

大家从图 4-67 中可以看到当前为“分享设置”标签页，即当用户将当前文稿分享出去呈现为一个链接时，在链接页面上显示说明文字的内容。

“预加载设置”标签页是用来设置在 Focusky 母界面中显示当前文稿的

“缩略图”样式。

“展示设置”标签页是用来设置当文稿进入“预览”或“分屏视图”状态时所进行的一系列功能与操作的用户偏好。

“企业标志”标签页是用来给当前文稿添加类似组织 Logo 的功能，并且这个 Logo 会一直显示在文稿播放时的画面上。

“前景设置”标签页是 Focusky 文稿非常创新的一个功能，它类似于给相片加上一个相框的功能，或者是透过望远镜去观察世界的文稿呈现方式，并且这个前景是固定在播放时的窗口最前端，它会覆盖文稿边角的一些内容，因此用户在选择图片作为前景时必须是 PNG 格式的透明背景图片，这样呈现出来的效果最好。

剩下标签页的内容在此不再赘述，期待各位读者自己去探索。

通过“预览当前”按钮下拉菜单，进入 Focusky 文稿当前文稿的播放演示状态，一般分为两种演示方式。

（1）预览。单击“预览当前”按钮下拉菜单中的“预览”，即进入当前文稿的全屏播放演示状态。

（2）分屏视图。单击“预览当前”按钮下拉菜单中的“分屏视图”，即进入当前文稿的分屏播放演示状态，它类似于 Microsoft PowerPoint 中的演示者视图的播放功能。

“保存工程”按钮下拉菜单即保存当前正在编辑的 Focusky 文稿，通过其下拉菜单中的“另存工程为...”可在本地计算机上选择另一个文件夹再保存一个版本，这一功能同其他任何软件工具的功能相同。

如图 4-68 所示，“输出 Focusky”按钮下拉菜单是指当用户完成对当前 Focusky 文稿的设计与制作后进行成果输出时的设置与操作，可以输出多种不同形式的成果文档。

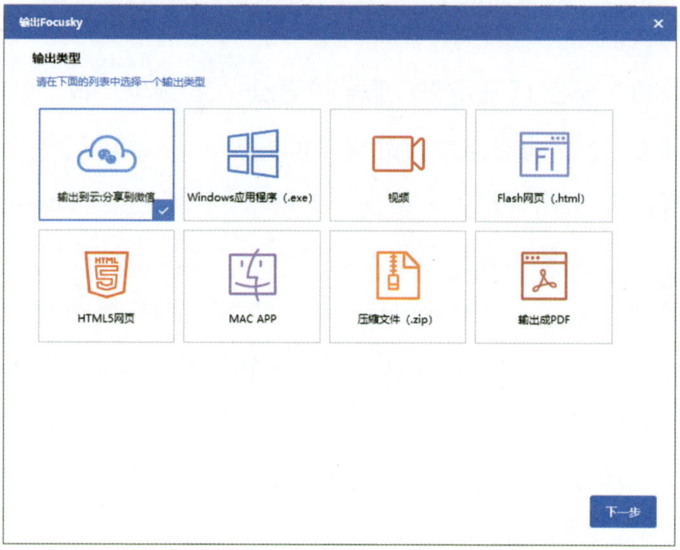

图 4-68　“输出 Focusky”按钮下拉菜单

❑ 4.2.4　区域四：中间中下部分“虚拟画布创作区”

作为 Focusky 文稿设计与制作的中央画布区域承载着用户所设计与制作的微课内容，它就像一张无限大的虚拟画布，用户可以凭借丰富的想象力来绘制场景与图形，并按照一定的结构与逻辑关系来一步一步进行画面推拉、平移、旋转，从而系统性地向学员呈现微课导师的观点、经验与论据。中央虚拟画布区域如图 4-69 所示。

图 4-69　中央虚拟画布区域

大家可以发现在中央虚拟画布区域的顶部有一排按钮。第一个按钮用于将中央虚拟画布区域的画面摆正，当用户创作微课内容时难免会将画布进行不同角度的旋转，此时要纵览整篇画布的文稿内容就需要使用这个按钮。第二个按钮与第三个按钮都是用于调整中央虚拟画布的画面水平角度。第二个按钮用于将画面向右旋转调整水平角度的。第三个按钮用于将画面向左旋转调整水平角度的，并且两个按钮每单击一次旋转调整的水平角度为 3 度，也就是说，如果要旋转调整水平角度至 90 度需要单击 30 次。第四个按钮与第五个按钮用来放大或缩小画面在中央虚拟画布区域纵深。第六个按钮用来锁定中央虚拟画布。当画布被锁定后，前面五个按钮的功能都会消失。第七个按钮用来在中央虚拟画布区域显网格线，这有助于对画布中的内容进行排版布局的设计。第八个按钮是关于“对齐设置”，当同时选中了中央虚拟画布区域的两个及以上的元素或对象时，便可以对其进行“左对齐”“垂直中心对齐”“右对齐”等操作。第九个按钮与第十个按钮分别对应着“复制”与“粘贴”的功能，这个与其他所有软件的功能都一样的，在此不赘述。第十一个按钮与第十二个按钮分别对应着“撤销”与“恢复”的功能，也可以参照其他软件的功能即可。第十三个按钮的功能是“添加当前视口到路径”，即将中央虚拟画布区域当前显示的画面边界以及所涵盖的内容区域拍照作为一个新的路径放入左侧的文稿路径缩略图。第十四个按钮是用来设置当前文稿的画面显示比例，既可以设置成常见的 4:3、16:9、16:10 等比例，也可以不设置比例以实际添加的方框纵横比例作为每个面画的比例。

❑ 4.2.5 区域五：右侧“工具素材区”

Focusky 作为国产演示与动画软件的新兴者与引领者获得了很好的发展机遇。这得益于它对我国用户的使用偏好与实际工作场景中的应用需求有非常深刻的理解与剖析。这一点在软件界面的右侧“工具素材区”得到了完美的诠释。Focusky 内置了大量的素材与内容创作的结构载体图形，彻底解决了新用户在设计与制作文稿过程中所遭遇的瓶颈与障碍。大家根据其“工具素材区”的功能分布顺序一步一步来详细了解它。

从图 4-70 中四项标签页的内容来看，无论是“图形”还是“图片”，Focusky 都非常贴心地为用户提供了十分丰富的内容素材，这对绝大部分绘画能力较弱的用户来说真的是“福音”。就连最普通的“文本”标签页的功能中都内置了很多文本的样式与格式供用户一键设定。最值得一提的是，当用户在创作 Focusky 某个部分内容时，通过“内容布局”标签页中提供的数十种内容结构与逻辑的载体图形便可以瞬间解决用户对内容图形化设计之难的问题，这也进一步提升了 Focusky 给予用户的视觉化体验感与设计美学。

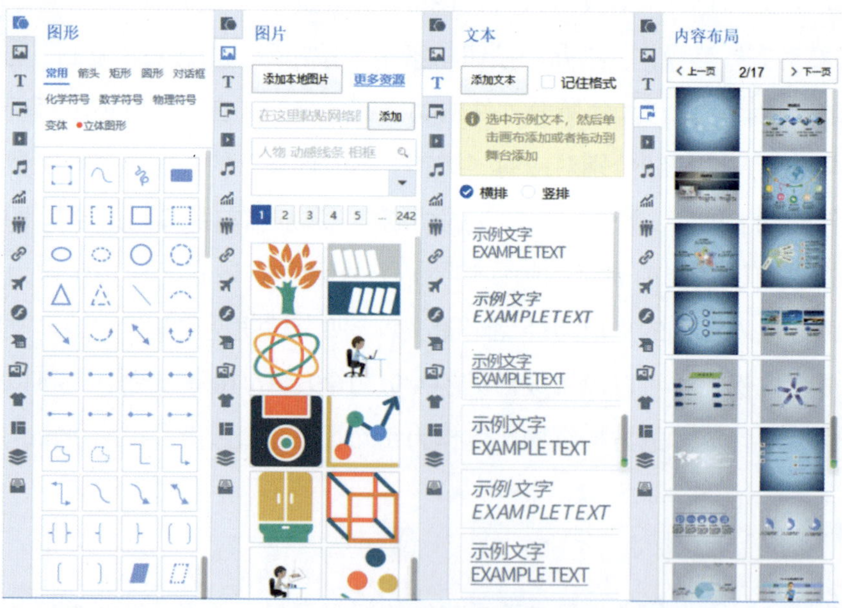

图 4-70　工具菜单栏 1

大家从图 4-71 中可以看到在“视频”标签页内容中 Focusky 提供了三

种类型的视频用于插入文稿内容中，分别为“本地视频”“屏幕录制”“网络视频”。“音乐”标签页的内容可以用来设置当前某个路径上所承载的音乐和背景音乐，路径音乐是当 Focusky 文稿进入播放演示状态后翻页至这一路径页面后方才开始播放插入该路径的音乐，而背景音乐是当 Focusky 文稿进入播放演示状态后即刻开始播放插入的背景音乐，直至退出文稿播放演示状态时背景音乐方才停止播放。“图表”标签页内容是用于在 Focusky 文稿中插入一些图表的功能，类似于在 Microsoft PowerPoint 中插入图表功能一样。“角色”标签页里内置了非常丰富的动画角色，并且这些动画角色的动作与表情都十分多样化，可在不同的场景中使用，它提供了“Flash 角色”“PNG 角色”“GIF 角色”三种动画角色类型。

图 4-71　工具菜单栏 2

图 4-72 中“特殊符号”标签页提供了十分繁杂的特殊符号图形素材，并且它们都是矢量图，减少了用户去搜寻和制作这些特殊符号的时间成本，可

以说这是非常贴心的功能设计。“SWF”标签页提供了超级丰富的使用 Flash 设计与制作的成品动画素材，它可以很好地装饰用户的 Focusky 文稿的动画特效，通过其“搜索框”输入关键词可以搜寻到任何类型的动画特效的素材。“艺术图形”标签页中提供了类似于 Microsoft PowerPoint 中 SmartArt 图形，这也是用于承载用户设计 Focusky 文稿中一些内容，方便以艺术图形的视觉样式呈现出来，更具逻辑性，更易理解。“主题”标签页用来统一设置当前 Focusky 文稿中对于各类方框、文字样式、背景颜色等的功能，所以用户觉得哪个样式适合当前的文稿就单击选择它就好了。当然，用户还可以在具体制作文稿内容时进行单独对象或元素逐个修改与设置。

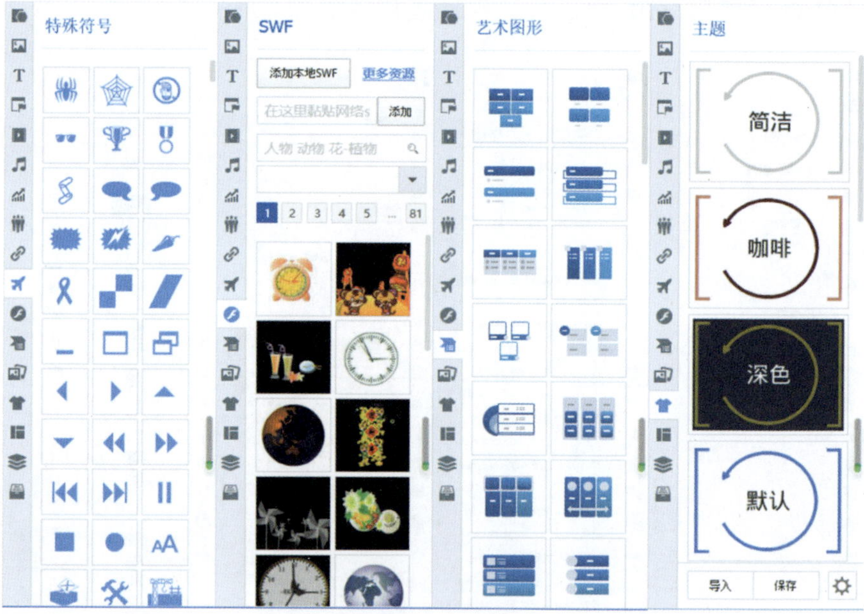

图 4-72　工具菜单栏 3

在整个右侧的“工具素材区”还有少量标签页的内容十分简单且并不常用，此处不再赘述，感兴趣的读者可以自行尝试和了解其功能。

4.3 视觉化微课制作工具三——Animiz

第 2 章曾提到基于工作场景来确定微课开发的主题，在微课成品中不可或缺的一类便是场景式微课。Animiz（万彩动画大师）正是国产软件中用于制作场景式动画微课表现十分优异的软件工具，也是本节内容要着重进行介绍的微课制作工具。

用户先登录 Animiz 官方网站（www.animiz.cn），进入官方网站后点击下载并安装即可。首次打开 Animiz 时会提示进行账户注册，等到用户登录后便可进入 Animiz 母界面，如图 4-73 所示。

图 4-73　Animiz 母界面

从 Animiz 母界面中可以发现左侧有一列菜单栏，右侧是显示左侧菜单栏具体内容的界面。单击左上角“新建空白项目”可以新建一篇 Animiz 空自动画文稿，或者通过双击“在线模板”便可以将文档立即下载至本地并进行编辑。

4.3.1 Animiz 软件架构与界面

先从 Animiz 软件顶层设计的角度来了解一下它是如何让场景式微课在软件的功能与界面设计中实现的。

首先，Animiz 采用了连续多场景的设计，这些场景既可以是完全不同的场景风格及元素，也可以是下一个场景紧密衔接上一个场景的元素与设计。当然，还可以使用完全相同的两个或多个场景设计。

其次，Animiz 在单个场景结构中使用了多个镜头的设计，即在某个场景下可以允许创作者在讲述当前场景中的内容时通过设计多个镜头来进行来回切换，以达到类似电影镜头的效果。

最后，Animiz 在每个镜头下均可以使用完全自主独立的设计元素及内容来讲述创作者想要表达给观众的信息，并且通过结合 Animiz 内置的非常强大的素材库可以实现镜头下的复杂信息视觉化传递及故事化情节讲述。

Animiz 正是通过这样的内容情节、多镜头、多场景的逻辑线将用户要制作的场景式微课内容进行串联，从而给学员一个非常直观的场景式动画的微课内容讲授界面。下文将介绍 Animiz 创作界面。

从图 4-74 中大家可以看到，Animiz 创作界面分为五大区域，分别为：

（1）左侧场景缩略图。

（2）上方工具栏区。

（3）正中间场景编辑区。

（4）右侧内容素材区。

（5）下方时间轴编辑区。

图 4-74　Animiz 创作界面

这五大区域的功能分布构成了 Animiz 场景式动画内容设计与制作界面。换言之，当要具体执行一门场景式微课的设计与制作时，用户会不间断地使用这五大功能区域的各种小功能与小技巧，从而支撑起一篇优良的场景式微课作品。

❑ 4.3.2　Animiz 五大功能区域

当大家需要学习一款初次接触的软件工具时，无非通过三种思路来进行学习与实践，分别是：

（1）通过熟悉软件的架构设计、界面、功能与菜单等。

（2）通过一篇案例来进行观摩和学习。

（3）先动手使用，在摸索中进行学习。

通常，大约有 80%的人是通过前两种方式来进行学习的。因为这两种方式能够稳妥、有序地推进学习的进度，由浅及深，由慢到快，由理论到实践，所以用户学得更加扎实。

下面就将 Animiz 软件的五大功能区域来逐一进行介绍。

1. 区域一：左侧场景缩略图

它与前面学习的 Focusky 演示文稿一样，对一篇整体的场景式微课成品来说，它是由一个个分场景按照一定顺序组成的，而这些分场景就按照上下顺序排列在 Animiz 软件界面左侧场景缩略图的队列中，如图 4-75 所示。

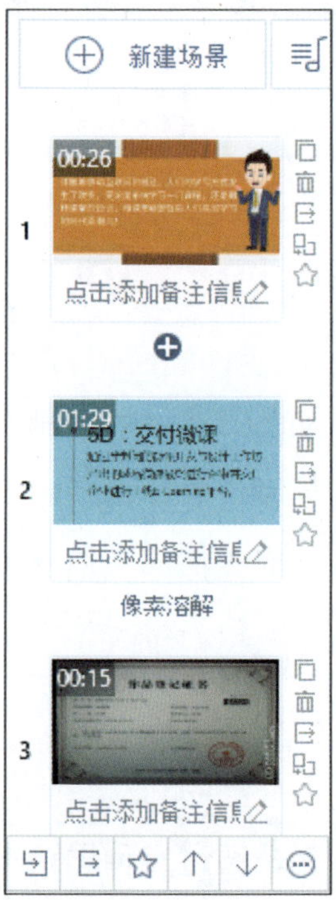

图 4-75　场景预览区

从图 4-75 中大家可以看到，场景缩略图的列表栏分为上、中、下三个区域。上方区域是两个按钮，分别为“新建场景”和“添加音乐”。“新建场景”就像 Focusky 中添加一个新的路径页面一样；“添加音乐”是为当前选中的某个场景添加一段背景音乐。中间区域正是当前这篇场景式动画文稿当中的三个场景缩略图。在每个场景缩略图的右侧还有一排按钮，分别为“复制场景”“删除场景”“导出场景”“替换场景”“收藏场景”。另外，在每个场景的下方还可以添加该场景的备注信息。

2. 区域二：上方工具栏区

Animiz 在中间正上方设计了一排工具按钮，以方便用户在编辑场景内容时可以直接使用这些高频功能。这样既提高了用户操作的效率，也使软件界面的规划更加合理。

从图 4-76 中大家可以看到，该工具栏分为两层，上面一层只有四个按钮，分别为“首页”“预览”“保存”“发布”。

图 4-76　顶部工具栏

下文将详细讲解图 4-76 下面一层按钮的功能，按照从左到右逐个进行说明。

（1）显示所有镜头。在 Animiz 所构建的场景中存在多个镜头，这导致并不是所有镜头都能够在最开始的时候显示出来。这时，就需要使用该按钮来让所有镜头均显示出来。

（2）集合菜单，如图 4-77 所示。

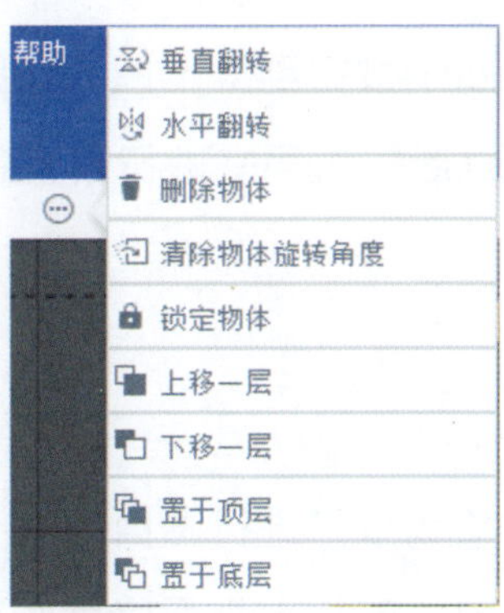

图 4-77　集合菜单

从图 4-77 中大家可以看到，当用户在场景与镜头中选定某个元素或对象时，便可以通过此集合菜单对其进行操作。

（3）固定位置而不随镜头动。这个功能的前提是用户要先在某个场景的某个镜头里选定一个元素或对象，无论元素或对象是什么，选定后再单击该按钮，就会将这个选定的元素或对象始终显示在该场景中的任何镜头中。无论该场景中镜头怎么切换，它都始终保持原有的大小和水平位置。

（4）使组件间垂直间距相等。

（5）使组件间水平间距相等。

（6）使同宽高。

（7）使同样高度。

（8）使同样宽度。

（9）左对齐。

（10）右对齐。

（11）垂直中心对齐。

（12）上对齐。

（13）下对齐。

（14）水平中心对齐。

大家不难看出，从第四个按钮到第十四个按钮全部是针对场景或镜头中所选定的元素或对象的排版与布局来进行设置的。

（15）放大。

（16）缩小。

（17）锁定场景。

放大和缩小是指在当前场景下进行画面的放大与缩小。缩小画面以后就能显示出所有的镜头位置，而放大画面以后则可以明察每个镜头的细节内容。如果锁定场景，放大和缩小的按钮就会消失。

（18）复制。

（19）粘贴。

复制和粘贴功能同其他软件工具一样。用户在编辑状态下选中一个元素或对象，就可以进行复制和粘贴的操作。

（20）撤销。

（21）恢复。

（22）操作历史。

撤销与恢复功能同其他软件工具一样。不过，Animiz，还提供了一个“操作历史”列表，可以从列表中选择具体返回到哪一步的操作。

3. 区域三：正中间场景编辑区

Animiz 场景编辑区正是动画文稿内容的创作区。这个创作区是一个可以无限放大和缩小的场景。在场景中，用户可以任意插入需要的素材和文字，然后由一个个镜头将创意动画的内容串起来，连在一起。

从图 4-78 中大家可以看到，这个场景创作区采用了非常简洁的设计。创作区左边使用了一个镜头边框来呈现场景的内容，创作区右边则设计了几个常用的与场景操作相关的功能按钮。

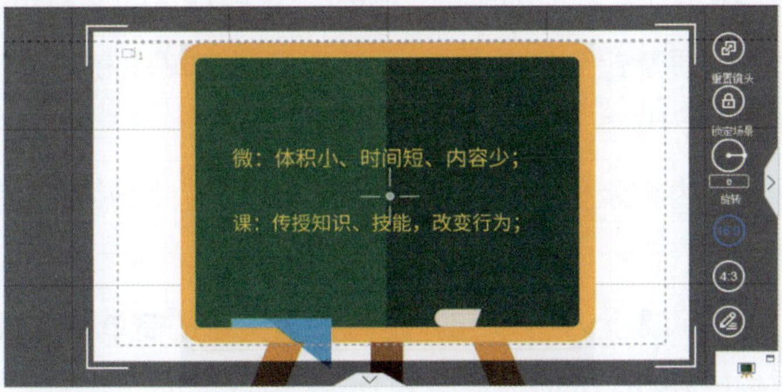

图 4-78　场景创作区

（1）重置镜头。在编辑当前场景中的内容时，用户经常将场景进行放大和缩小的操作，以创作某个镜头当中的具体内容，此时单击“重置镜头”按钮，就会将场景画面定格在下方时间轴上播放线所在区域当前镜头的全部画面。

（2）锁定场景。当用户单击“锁定场景”按钮时，便无法对当前场景进行缩放的操作，但仍然可以对当前镜头中的元素和对象进行选中及修改。

（3）旋转。通常，用户都知道通过鼠标的滚轮可以对场景进行缩放，但如果要对场景进行水平角度的旋转，就需要用到“旋转”按钮。

（4）16:9 与 4:3。这两个按钮可对当前场景中镜头边框所呈现出来的画面比例进行设置，有两种比例可供用户选择。

（5）自定义镜头比例。如果用户要对当前场景中的镜头比例进行个性化设置，就需要用到这项功能。通常，用户所创作的场景式动画的成品视频要在特殊画面比例的终端显示器上进行播放，所以要自定义镜头比例。

4．区域四：右侧内容素材区

创意类设计者都深知在创作内容时对素材的把握与运用将直接影响所创作出来的作品效果，Animiz 提供了非常丰富的内容素材库，为场景动画创作者节约了很多寻找素材的时间。同时，这些精美的素材也为他们所创作的动画作品的质量起到了助推的作用，可谓简单、高效。下文将介绍 Animiz 内置的素材内容。

图 4-79 右侧内容素材区的四个标签页，分别为“图形”“图片”“文本”“音乐”。

“图形”标签页是为了方便用户插入一些矢量的简单图形或复杂图形，省去了用户使用 Adobe Illustrator 再单独设计的时间。

“图片”标签页是为了向当前场景下的某个镜头中插入图片素材，既可以将本地保存的文件夹中的图片插入，也可以通过下方的搜索框来寻找 Animiz 内置的大量矢量图片进行插入。

图 4-79　工具菜单栏 1

“文本”标签页主要是向当前场景的镜头中添加文本信息。单击“添加文本”按钮，镜头中将出现一个文本输入框来进行文本内容的输入。另外，它还提供了一些常见的文本样式供用户选择，省去了用户单独设计的时间。

“音乐”标签页使用时需要明确两个问题：一是插入的音乐只是基于当前场景的，如果新建了一个场景，就需要重新插入相同或不同的音乐；二是插入的音乐会自动载入下方时间轴上，并按照其在时间轴所在位置的时间段来进行播放；而插入的音乐既可以是本地存储的，也可以是下方列表中内置好的常见音乐。

图 4-80 右侧内容素材区的四个标签页，分别为“SWF”“特殊符号”“标注”“图表”。

“SWF”标签页是用于添加通过 Flash 来设计与制作的动画素材。这些动画素材通常在动画文稿中起到点缀的作用，不适宜大量出现，否则会导致动画内容太花哨。同样，添加的动画素材既可以是本地存储的，也可以是通过搜索框找到的。

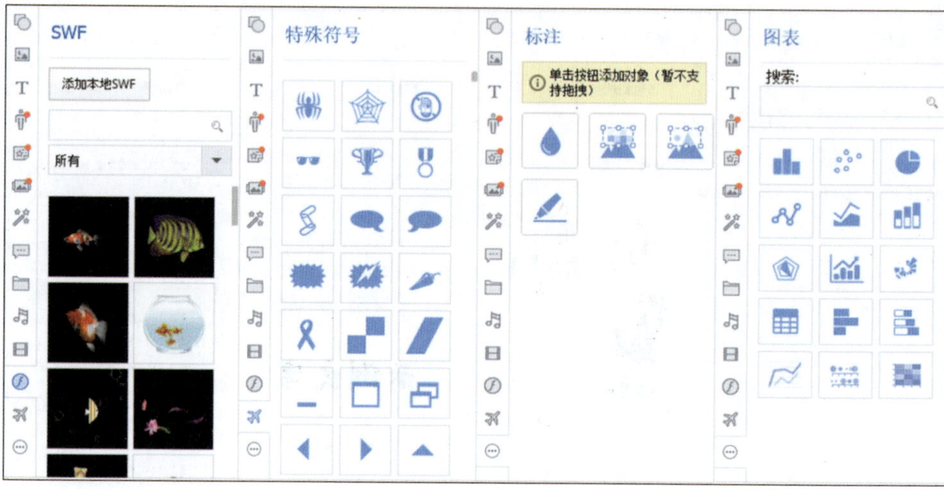

图 4-80　工具菜单栏 2

“特殊符号”标签页素材与前面提到的“图形”标签页素材几乎一致，都是 Animiz 内置的矢量图形，用户按需取用便好。

“标注”标签页的内容是 Animiz 软件的一大亮点，它可以将选中的元素与对象进行标注化处理，一共有四种功能，分别为使对象模糊化处理；对选中的元素或对象的部分位置上进行马赛克效果的处理；对选中的元素或对象的部分位置上进行聚光灯效果的处理；使选中的元素或对象进行高亮显示。

“图表”标签页的内容与 Focusky 软件中的图表的功能完全一致，都是通过选择内置好的一种图表类型，再加入具体的数据，最后插入当前场景的镜头中呈现图表的形式。

另外，Animiz 还有大量内置的丰富的素材库，如图 4-81 ~ 图 4-85 所示。此处不再赘述。

图 4-81　“角色”素材库

图 4-82　“在线动画组件”素材库

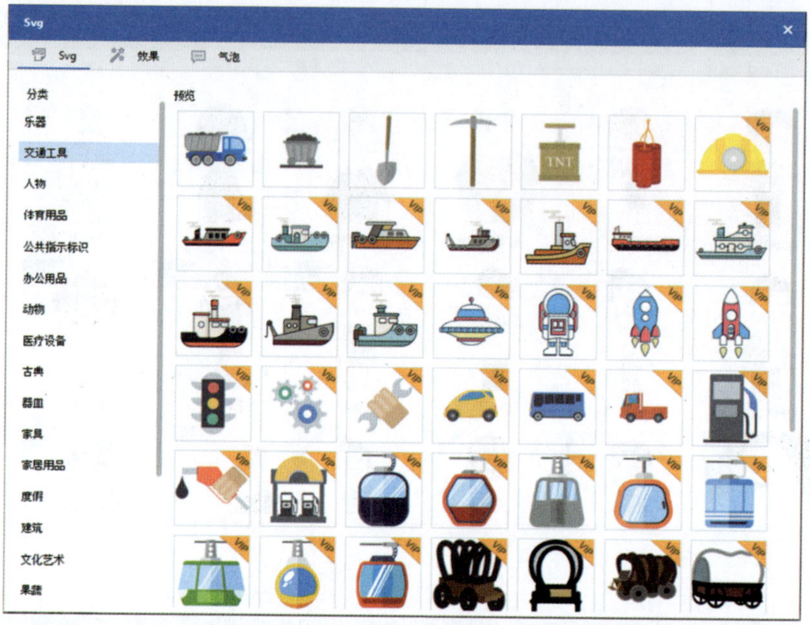

图 4-83 “Svg”素材库

图 4-84 “效果”素材库

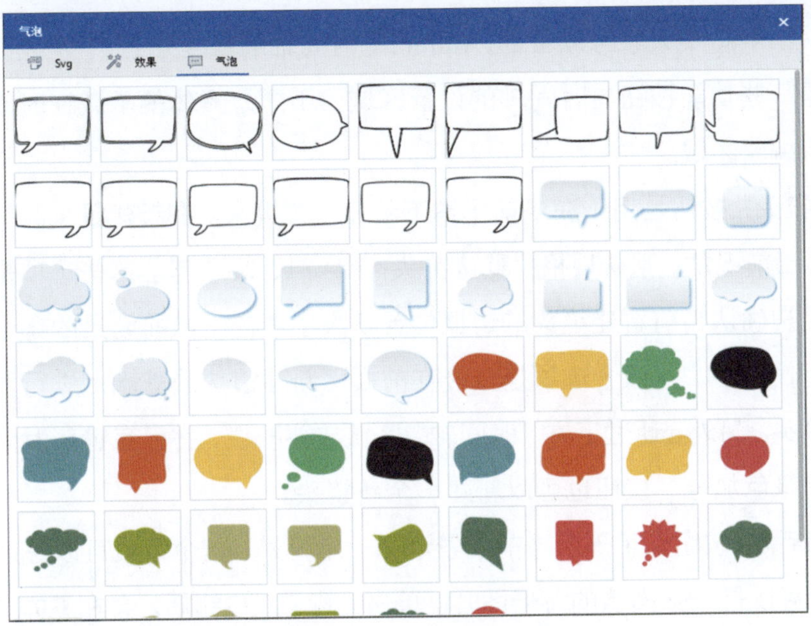

图 4-85　“气泡”素材库

5. 区域五：下方时间轴编辑区

作为一款场景式动画设计软件，Animiz 最基本的理念是基于时间轴来进行元素与对象的动画设计，而这些元素与对象又是承载在多个场景与镜头中，如此便形了一款软件工具的顶层设计思路。接下来将要介绍 Animiz 的核心部分——时间轴编辑区，如图 4-86 所示。

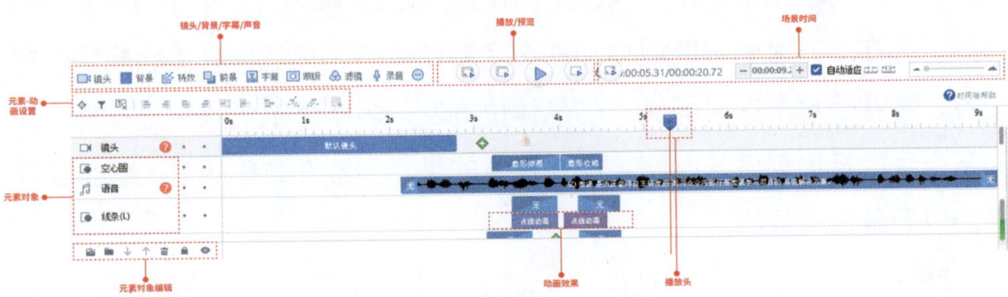

图 4-86　时间轴编辑区

从图 4-86 中大家可以看到，Animiz 的时间轴编辑区分上、下两大区域。上方是一些功能按钮与时间轴的设置区域，下方是具体的承载在时间轴上的内容编辑区域。

“镜头”按钮是用于在当前场景下新建一个镜头。在新建镜头时有四个选项：当前视角；默认规格；默认镜头；镜头 1、2、3 等。这些选项是为了帮助用户确认当前新建镜头的边框位置及大小覆盖于当前场景的哪个区域位置上，其中，第四个选项是直接在前面已新建镜头的基础上进行复用一个新镜头。另外，通过下方“时间轴”区域镜头一栏，在已有镜头时间轴上单击“绿色加号”按钮也可以新建一个新镜头。

“背景”按钮是用于给当前场景添加一个背景，这个背景可以是颜色背景，也可以是一张高清的背景图片。单击“背景”按钮后，会在下方“时间轴”区域增加一个“背景”信息条。

“前景”按钮相对“背景”按钮来说，它是为当前场景增加一个类似于边框修饰的前景框。通常，这个前景框的内容是 PNG 格式的透明背景图片或 SWF 格式的透明背景的动画素材。单击“前景”按钮添加后，会在下方“时间轴”区域增加一个“前景”信息条，通过拖动信息条所在时间轴上的位置及长短来控制其何时出现，以及出现多长时间。

“字幕”按钮是为当前场景的动画内容添加字幕内容。单击“字幕”按钮后，会在下方时间轴区域增加一个字幕信息条，然后再具体编辑字幕的内容，字幕信息条在时间轴上的具体位置及长短将决定了该字幕在哪个镜头下出现以及出现多长时间。需要注意的是，字幕在当前场景的镜头画面上的位置是不可调的。

“录音”按钮是让用户在设计与制作场景式动画时，直接在时间轴上进行动画解说的配音。当用户要使用该项功能时，先将播放线定格在时间轴上的某个位置，即用户要录制配音的时间节点，然后单击该按钮便会出现一个红色的“录音”按钮，再单击红色“录音”按钮进行倒计时，3 秒后开始录音，同时当前场景动画也会同步开始播放，录制完成后单击“停止”按钮即可。因此，用户使用该功能为当前场景动画进行配音时，可以一个镜头一个镜头地进行录制，也可以一句话一句话地进行录制，非常方便。

“语音合成”按钮的功能是使用 Animiz 内置的文本转语音插件来实现将输入文本转化为语音。同时，它还提供了多种口音和语别的配音选项，如蜡笔小新、唐老鸭、东北话、四川话等。这对于大多数没有经过发音训练的人来说是一个福音，但如果用户发音标准、口齿清晰、声音好听或有特色，自己录制配音会更好些。

“时间缩放”按钮是指增加或减少时间轴的时间长度。Animiz 中的时间轴长度不是自动扩展的，需要手动来增加或减少时间长度，所以用户就需要借助这个按钮来实现。另外，在其右侧有一个时间刻度显示框，如图 4-87 所示，通过时间刻度显示框也可以实现该功能。

图 4-87　时间刻度显示框

“播放速度”按钮用于调节当前场景下所有镜头画面的动画播放速度，常规播放速度为 1.00。需要注意的是，无论播放速度如何变化，录制或插入的声音的播放速度都不会改变。

“时间轴缩放”按钮是指通过时间轴画面比例刻度的调整来使“时间轴”区域的时间刻度值更加精确或粗略，如图 4-88 所示。它有助于人们更好地控制正在进行创作的动画内容的时间精度。

图 4-88　时间轴缩放按钮

元素与对象编辑区是真正承载 Animiz 场景式动画内容的区域，如图 4-89 所示。

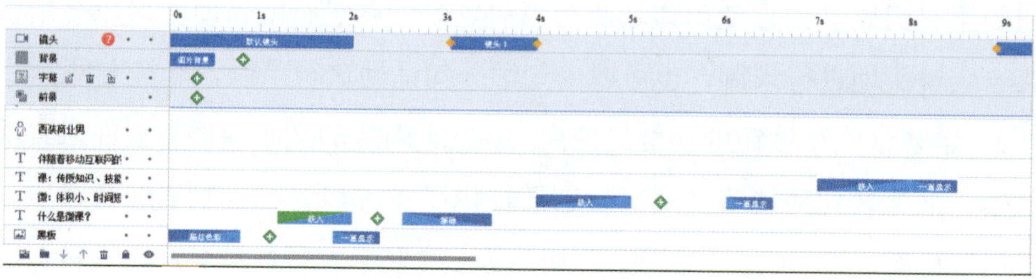

图 4-89　元素与对象编辑区

从图 4-89 中大家可以发现，图的左侧是承载元素与对象的图层，上面的“图层”所承载的内容从视觉上会覆盖下面的“图层”所承载的内容，因此两者尽量不要处于镜头内的同一位置上。在每一个“图层”的右边还有两个小黑点：一个是锁定该“图层”使其不可编辑；另一个是隐藏该“图层”使其不可见。其下方还有一排工具按钮。

（1）导入文件夹。导入文件夹是指批量导入一批素材，而这些素材正好保存在一个文件夹中。需要注意的是，这个文件夹是 Animiz 独创的素材文件夹，它的后缀名为“.mf”，其他通用文件夹是无法导入的。

（2）添加文件夹。当长期使用 Animiz 进行动画作品的创作时，用户可以将心仪的、高质量的、常用的素材都通过这个按钮添加到一个文件夹中，方便以后直接通过导入文件夹来进行批量素材的导入。

（3）下移一层。当选定一个“图层”时，可通过该按钮将其下移一层位置。

（4）上移一层。当选定一个“图层”时，可通过该按钮将其上移一层位置。

（5）删除物体。用户在创作“时间轴”区域的元素与对象时，不可避免地会删除一些多余的或错误的元素与对象。首先选中那个元素或对象，然后便可以通过该按钮对其执行删除操作。

（6）锁定所有。单击该按钮即意味着整个时间轴编辑区域的元素与对象都被锁定，无法再进行任何编辑的操作了。

（7）隐藏或者显示所有元素与对象。单击该按钮即意味着隐藏或显示所有时间轴编辑区域的元素与对象。

Animiz 作我国领先的 MG 动画制作工具，它最大的优点是易于操作，几乎所有人都可以轻易掌握。这得益于它的界面设计与功能分布，还有其内置的强大素材库的支持。用户不仅可以用它来制作微课，也可以制作企业广告片、自制动画片、Video blog 等。

4.4 视觉化微课制作工具四——HM 手影大师

4.4.1 HM 手影大师概述

万彩公司出品的 HM 手影大师是近年来我国新兴的手绘式动画制作工具中鲜见的优秀软件工具之一。纵观全球的互联网软件工具行业的现状及发展脉络，我国崭露头角的新兴互联网软件工具正处于快速赶超并带有后发优势时期。这也是我为什么在本书中几乎摒弃了对国外厂商的软件工具的解读，转而全部用国产软件工具来代替的内在缘由。

HM 手影大师延续了万彩动画系列软件工具非常统一的界面风格，大家不妨从它的动画编辑制作的页面来开始了解。

图 4-90 是 HM 手影大师设计与制作微课作品的创作界面，它的功能分布主要为四大区域，分别为：顶部菜单栏与工具栏区、左侧场景编辑区、右侧素材及内容输入区、下方时间轴动画创作区。

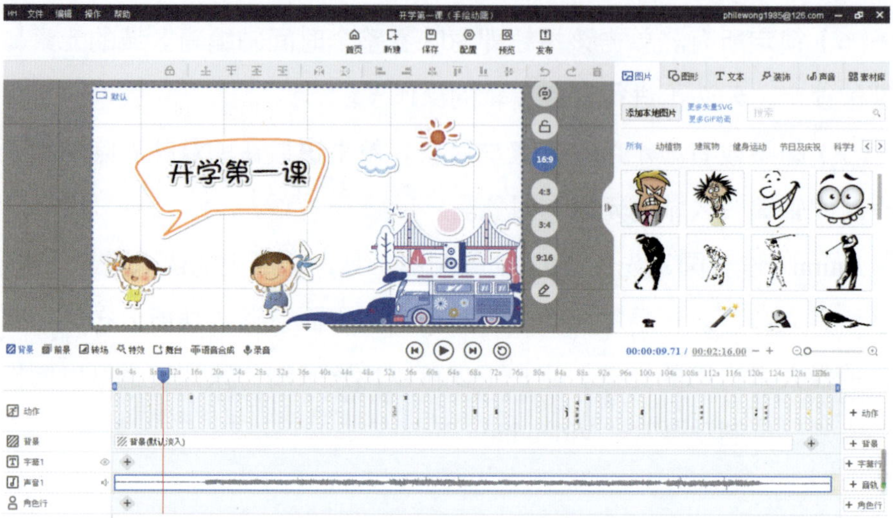

图 4-90　HM 手影大师创作界面

❑ 4.4.2　区域一：顶部菜单栏与工具栏区

HM 手影大师的菜单栏相对比较简单，主要涵盖文件、编辑、操作、帮助四个菜单项。

其中，“文件”菜单主要是针对 HM 手影大师所创作的动画工程文件进行新建、保存、发布等操作。

“编辑”菜单主要涵盖在创作动画工程文件时所进行的预览播放、添加及删除对象、撤销与恢复、复制与粘贴等操作。

“操作”菜单则针对创作的动画工程文件中的一些元素及对象进行层级移动、水平与垂直位置调整、各类对齐等。

“帮助”菜单里有一些用户常见的问题解答与帮助，还有版本号的查询及更新。

软件工具的菜单操作其实是低效的功能实现途径，通过工具按钮或快捷键的方式来实现操作更为便捷，HM 手影大师正是被这样的菜单与功能设计理念所引领，它更多的功能操作与实现均是通过按钮与快捷键的形式来体现的。

4.4.3 区域二：左侧场景编辑区

场景编辑区是 HM 手影大师所创造的动画内容的呈现区域，如图 4-91 所示。遵从所见即所得的原理，用户希望创作出来的动画画面及内容是什么样的在该区域呈现的就是什么样的。

从图 4-91 中大家可以看到，HM 手影大师的动画编辑区域可以分为三部分：上方的工具按钮区、下方的动画创作区、右边的设置按钮区。

图 4-91 场景编辑区

先来熟悉一下上方的工具按钮区，按照从左到右的顺序分别为：

1. 锁定对象

用户在创作动画内容时，针对已编辑好的元素或对象，通过“锁定对象”按钮便可以将其锁定置灰。这样用户在编辑其他内容时就不会对它造成任何误操作。

2. 上移一层

当动画创作区域放置了太多的元素或对象时，每一个后放入的元素或对象都默认会遮挡住前一个放入的元素或对象。如果用户需要将其中某个元素或对象上移一层位置，就需要用到这个功能。

3. 下移一层

与“上移一层”功能恰好相反。

4. 置于顶层

用户在调整动画创作区域中某个元素或对象的前后层位置时，想要将其中某个元素或对象直接调整放置在所有其他元素或对象的最前面一层，就可以使用“置于顶层”的按钮来实现。

5. 置于底层

用户在调整动画创作区域中某个元素或对象的前后层位置时，想要将其中某个元素或对象直接调整放置在所有其他元素或对象的最后面一层，就可以使用“置于底层”的按钮来实现。

6. 水平翻转

用户选中动画创作区域中的某个元素或对象，使用“水平翻转”按钮，便可以将它们直接进行水平角度 180 度位置翻转。

7. 垂直翻转

用户选中动画创作区域中的某个元素或对象，使用“垂直翻转”按钮，便可以将它们直接进行垂直角度 180 度位置翻转。

8. 左对齐

左对齐是指将所选中的元素或对象放置到当前动画创作区域的场景画面的最左侧。

9．右对齐

右对齐是指将所选中的元素或对象放置到当前动画创作区域的场景画面的最右侧。

10．水平居中对齐

这个按钮的功能是将选中的元素或对象放置到动画创作区域的场景画面的正中间，即它的左右位置距场景画面左右边框的距离相等，而上下位置与场景画面边框的顶部及底部的距离是不变的。

11．顶端对齐

通过该按钮，用户将选中的元素或对象的位置调整为靠近动画创作区域的场景画面的顶端。

12．底部对齐

通过该按钮，用户将选中的元素或对象的位置调整为靠近动画创作区域的场景画面的底端。

13．垂直居中对齐

这个按钮的功能是将选中的元素或对象放置到动画创作区域的场景画面的正中间，即它的上下位置距场景画面上下边框的距离相等，而左右位置与场景画面边框的左侧及右侧的距离是不变的。

14．撤销

撤销先前的操作，同其他任何工具软件的功能一致。

15．恢复

恢复先前撤销的操作，同其他任何工具软件的功能一致。

16．删除

删除一个选中的元素或对象。

左边的动画创作区域是一个场景镜头。需要注意的是，HM 手影大师不支持创建多个场景画面，也就是说，整篇动画内容都将呈现在这一个场景的画面中。当然，用户也可以通过对创作的动画内容所承载的镜头进行多次切换，在设置镜头动作的同时便默认新建一个新的镜头，从而可以继续创作新镜头中的内容，即向其加入元素或对象并设置动画效果。

另外，右边的几个设置按钮，按照从上到下的顺序分别为：

（1）镜头复原。如果用户更改了镜头的画面比例后又想要恢复成默认状态，就可使用该按钮。

（2）锁定场景。如果用户不希望误操作镜头比例及画面中的任何内容，便可以使用该按钮将所有编辑功能设置为不可用状态。

（3）将镜头比例设置为 16:9。

（4）将镜头比例设置为 4:3。

（5）将镜头比例设置为 3:4。

（6）将镜头比例设置为 9:16。

（7）自定义镜头比例。如果以上四种镜头比例都不能满足用户所创作出来的动画最终呈现的终端显示屏的比例，就可以使用自定义镜头比例来进行个性化设置。

❑ 4.4.4　区域三：右侧素材及内容输入区

素材及内容输入区是用户进行内容创作的核心区域之一。俗话说："巧妇难为无米之炊"。用户想要创作优质内容的手绘式动画，素材就是"炊事的大米及食材"。因此，用户需要花时间认真地了解并熟悉 HM 手影大师内置的可供使用的素材，如图 4-92 所示。

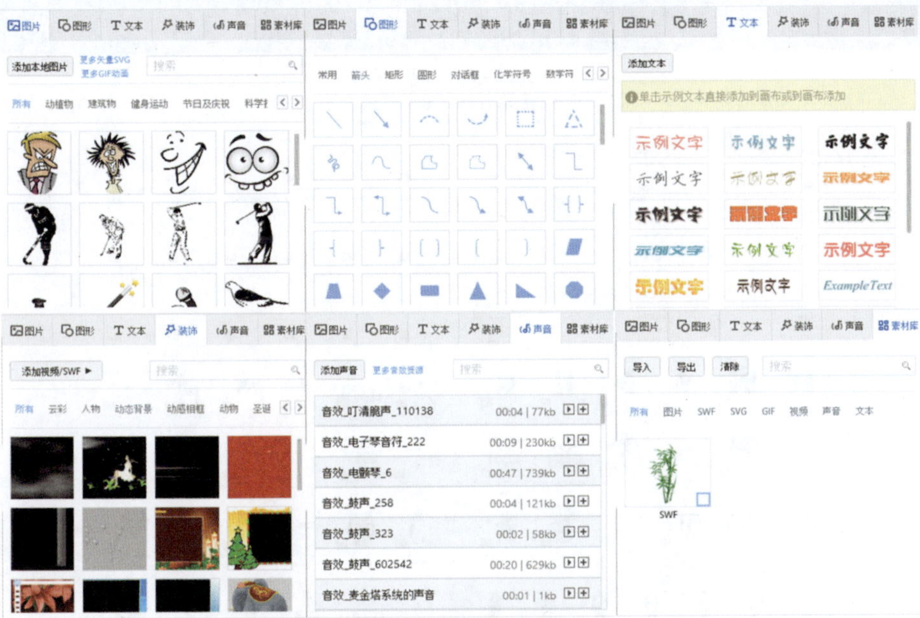

图 4-92　HM 手影大量内置的可供使用的素材

HM 手影大师内置的可供使用的素材覆盖了各类卡通图片、矢量图形、艺术文字、Flash 动画装饰、特效声音及自收藏的素材库，可谓包罗万象且品质优良，下文将逐个进行解读。

图片：这个素材标签页中包含了“动植物”“建筑物”“健身运动”“节日及庆祝”“科学技术”“人物表情”“商务男士”“商务女士”“商业和办公”“生活”“食物和饮料”“图标”“图形和对话框”“小人”“其他”等类型图片。毫不夸张地说，只有用户想不到的而没有用户找不到的素材。如果用户真的还嫌少，那么单击“更多矢量 SVG”和“更多 GIF 动画”两个文字按钮便可以跳转至 HM 手影大师的网站下载更多的素材，如图 4-93 所示。

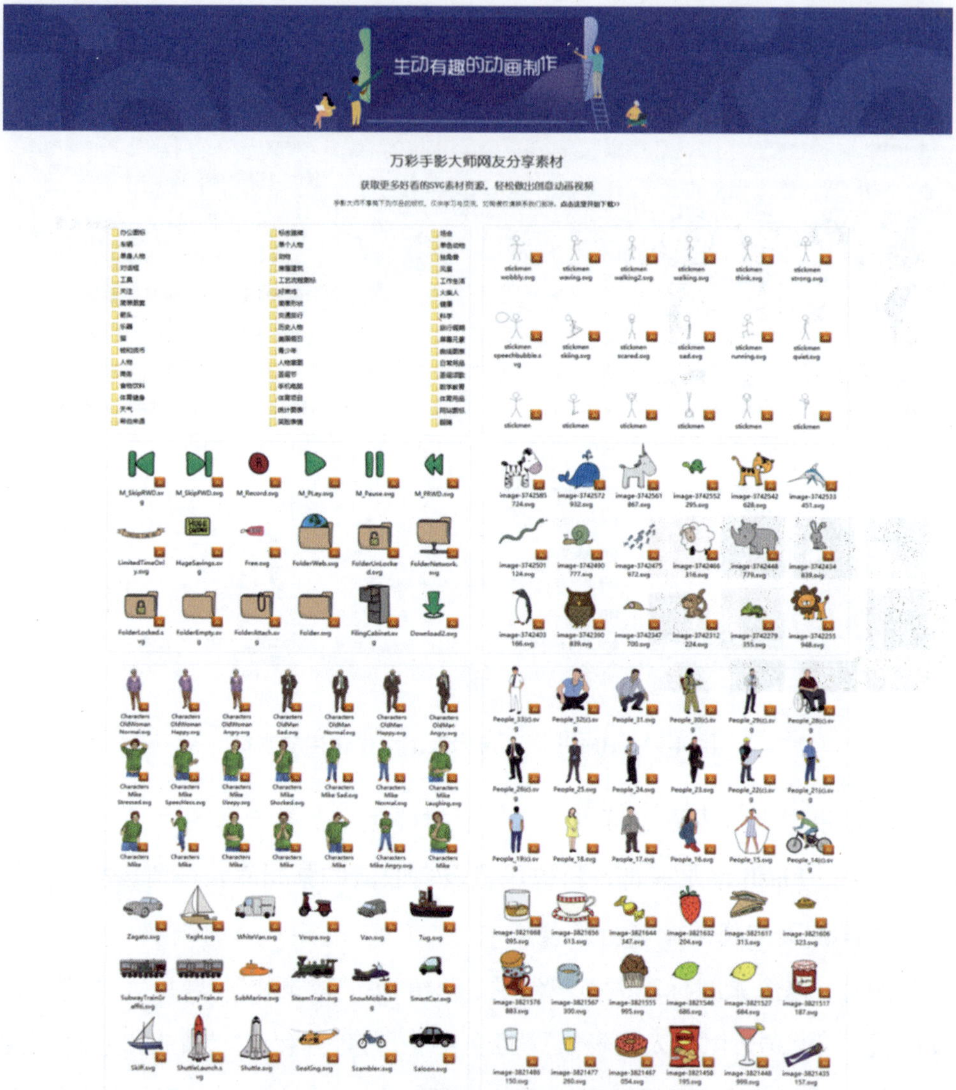

图 4-93　HM 官网 SVG 和 GIF 素材库

通过单击这些素材预览图，用户便可以将图片直接下载至本地计算机上，然后单击“添加本地图片”按钮，图片将被添加至 HM 手影大师素材库中，并且 HM 手影大师素材库一直在更新。

图形：这个标签页内置了 HM 手影大师常用的矢量图形，无论怎么放大，图形都不会变形和模糊，而且包含“常用”“箭头”“矩形”“圆形”“对话框”“化学符号”“数学符号”“物理符号”“变体”等多种类型。无论是制作企业微课内容，还是制作大中小学老师日常教学课件，这些矢量图形都是非常实用的。

文本：大多数读者一定使用过 Office 办公软件中常用的“艺术字体”，HM 手影大师“文本”标签页同样也是为了帮助用户在输入文本内容时不会受到本地存储的字体库多寡的限制。在这个标签页中，用户可以选择多样化的艺术字体样式，从而使动画文稿的内容更加丰富多彩。

装饰：如果用户设计并制作好手影动画的内容后，还想再添加一些背景及动画素材的点缀装饰，通过这个标签页中的内容便可以找到用户想要装饰的素材。这里所有的素材都是 Flash 格式的，所以大家可以放心将素材拖曳至动画内容创作区，通过调整大小及位置使整个画面更美观。由于素材是透明背景的，因此不会遮挡动画文稿的核心内容。

声音：当用户创作一篇手影动画文稿时，必不可少的环节就是一些特效配音。在这个标签页中为用户内置了多达数十种比较常见的特效配音。如果用户觉得仍然不够用也没关系，只要单击“更多音效资源”文字按钮就会跳转至网页端进行资源下载，如图 4-94 所示。

用户将图 4-94 中的音效资源包都下载到本地并解压缩后存放到用户指定的文件夹中，然后再单击“添加声音”按钮便可以将刚才解压缩后的音效文件添加进来了，最后单击选中的某个音效文件预览条右侧的“+”号，就可以将其添加到手影动画的场景创作区域中。至于用户希望这段音效在什么时候出现，可以通过时间轴来调节对应的时间条上的位置。

图 4-94　HM 官网音效资源库

素材库：这个标签页在初始状态下是空白的，它是用来帮助用户在长期使用 HM 手影大师的过程中，每当遇到好看实用的内外部素材便可以将其添加至素材库，下次再需要使用时直接在这个标签中进行查找，既省去了重新找素材的时间，又在不知不觉中建立了拥有个人偏好的强大素材库。

❑ 4.4.5　区域四：下方时间轴动画创作区

显而易见，如果用户知道应该创作的手影动画内容，也准备好了内容脚本及自有素材，那么下一步骤就是将这些内容按照一定的时间顺序进行排列组合，同时设计好每个元素及对象的动画效果，最后加上配音及特效，一篇 HM 手影动画成品就这样诞生了。

下面将介绍如何对动画文稿的内容进行时间轴和动画形式的创作。时间轴创作区如图 4-95 所示。

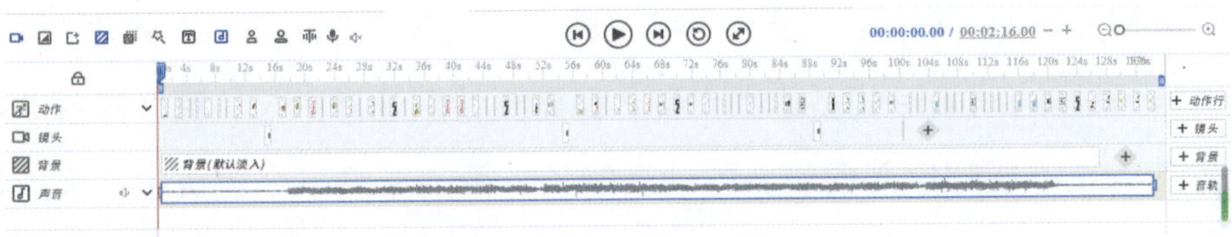

图 4-95　时间轴创作区

用户要想系统掌握 HM 手影大师手绘式动画内容的创作，尤其是在内容创作方面的技巧，就要更加倚重时间轴上元素及对象的动画动作的设计。从这个角度来说，图 4-95 中的功能分布其实也可以分为上、下两个创作区域。

1. 上方场景创作区域

这个区域的七个功能构建了手影大师独特的动画效果。

背景——用于设置 HM 手影大师的场景画面的背景。这个背景既可以设置为图片素材，又可以设置为单纯的颜色。另外，背景的出现可以设置为相应的动画形式。

前景——相对于背景来说，前景就像在场景镜头四周加上一些边框。而这个边框既可以是图片素材，也可以是透明背景的 Flash 动画素材。它与前文提到的 Animiz 中的功能是完全一致的。

转场——在 HM 手影大师中创建场景动画时是可以添加多个镜头的，而镜头之间的切换过程，如果用户想要设置动画效果，就需要使用“转场”功能。该功能提供了多达数十种的转场动画效果。另外，添加“转场”后用户还可以对其时长进行拖曳编辑。

特效——当用户想要在某个镜头中加入一些动画元素进行点缀时，这个“特效”功能里集合了丰富的 Flash 动画目标文件可供选择。

舞台——舞台是指场景画面的镜头后面的整个背框，并且以镜头中心点为其中心点。用户单击“舞台”按钮后便可以在下方时间轴上新建“舞台动画”，具体的动画形式多达数十种，但需要特别注意的是，每个舞台动画设置的时长不要超过当前镜头的动画时长，否则影响下个镜头中动画内容的呈现。

语音合成——当用户想要为当前场景动画内容进行讲解或配音时，又担心自己的声音不够清新悦耳，就可以通过这个功能将要讲解或配音的文字内容直接输入，然后选择内置的多种模拟人声来进行转化和播放。

录音——当用户想要为当前场景动画进行讲解和配音时，而恰好用户对自己的声音比较有信心，就可以通过这个功能直接录制音频来使用。

2. 下方内容创作区域

在下方的时间轴上的内容创作区域，最基础的是承载了五个部分的内容创作。换言之，用户在设计与制作 HM 手影大师的场景动画内容时必不可少的是以下五个部分。

动作——这一栏是承载 HM 手影大师场景动画内容的最核心的区域。因为用户制作的几乎所有内容元素及对象都在这一栏上，并且这些元素及对象的出现动画、过程动作、消失动画都是通过这一栏上的内容来进行设置的。需要注意的是，从当前镜头切换至下一个镜头的动作及动画形式也是在这一栏上的时间轴上进行添加和编辑的。

背景——这一栏的功能设置与大部分软件的背景设置类似。它是指对整个场景动画的背景进行设置，这就意味着其中所有镜头的背景都是一致的。同时，用户在设置背景时既可以设置为图形图片素材，也可以设置为颜色类别的背景样式。除此之外，用户还可以对背景的动画形式进行设置，只需要在其内置的数十种背景动画形式中选择。

字幕——当为场景动画内容搭配字幕时，用户就需要用到这一栏时间轴上的内容设置，主要针对字幕内容、字幕出现的时间点及时长进行设置。

声音——HM 手影大师作为一款多媒体的手绘式动画创作工具，声音是必不可少的元素之一。而声音的内容无非是背景音乐、特效音、配音等。需要注意的是，如果用户创作的所有声音都是按照前后顺序依次排开的，那么就只需要一个声音的时间轴即可承载；反之，则需要添加多栏的时间轴才能承载重叠声音的加载。但是，HM 手影大师自带的“录音”功能录制的声音是自行添加一栏“时间轴”来进行承载的。

角色行——HM 手影大师作为一款场景动画的创作工具，用户在构建场景内容时经常需要用到一些人物角色，而这些人物角色既可以作为场景内容讲解者，也可以作为场景内容对话者，还可以作为场景内容描述的动画素材。由此可见，“角色行”非常重要。同时，用户在使用这些人物角色时，有多达数十种角色类型可选，而角色的动作动画也非常丰富，这些使用户在创作一篇优秀的手绘式场景动画内容时变得非常便捷。

❑ 4.4.6 总结与提示

在系统学习了 HM 手影大师的软件基本框架及功能以后，大家在实际上手操作时仍然会面临一些挑战与困难。究其根本在于，大家是否有一整套思路与方法来进行应对。下面介绍一些实操的总结与提示。

首先，大家在动手之前要先思考清楚自己要创作的手绘式动画文稿的内容可以划分的结构与逻辑。在前面的章节中提到常见的五种结构与逻辑，只需要套用即可。同时，还要对其进行场景化的转化，即内容脚本的每一步转化为一个场景，同时为这个场景构建一幅画面。常见的画面无非以下几个元素及对象。

（1）场景主题。这个场景镜头要表达什么？用一句话或一个关键词来进行概括。

（2）场景环境。对于一个场景的镜头来说，在这个镜头中发生的事情的背景环境是什么？通常是在马路街区、办公室、车间里、公交车上等。

（3）场景主角。在当前场景镜头下，主角是谁？有没有配角？通常是人、动物、一件物品等。

（4）场景情节。在当前场景镜头下的主角及配角正在做什么事情？或者正在发生什么事情？

（5）场景要义。当镜头下的画面呈现这个场景的内容时，就需要为该场景画面引申出一个要义。而这个要义可以是总结、重难点提示、核心要点、寓意、价值升华等。

当大家搞清楚如何将设计好的内容脚本的结构与逻辑转化为一个个场景时，这就解决了设计与制作动画内容的关键一步。

其次，当大家完成从结构与逻辑到场景的转化之后，就要真正动手来开始设计与制作 HM 手影大师的动画文稿内容了。这里面也有一些关键步骤与方法。

第一步：新建一篇空白的 HM 手影大师动画文稿，或者从模板库中找到一篇场景画面契合度高的动画文稿模板。

第二步：用户按照规划好的场景次序开始创作首个镜头画面的内容，如标题、环境素材、人物角色等，然后修改和编辑每个元素及对象的动画形式及过程动作，可以添加字幕及配音。最后，用户设置一下镜头切换动画，切换至下一个镜头再进行创作，如此往复，直至完成所有场景镜头画面内容的制作。

第三步：用户首先为整篇场景动画文稿搭配背景颜色或图形图片素材，按需设置前景素材，用特效素材为每个镜头进行装饰，然后视情况再设置一下转场动画，多预览几次全篇动画内容，发现问题及时修改和优化。最后，就可以导出为成品视频文件了。

基本上只需要通过上述三个的步骤，用户就可以完成整篇动画文稿的创作，特别注意的是，一定要按照先制作完成再反复修改优化的原则进行。

另外，在设计与制作 HM 手影大师动画文稿时，有一些建议与注意事项，具体如下：

（1）自有素材的准备一定要尽量选择矢量图形或高清晰度的图片，并且一定要是 PNG 格式的透明背景图片。

（2）每个场景镜头下的元素及对象的动画形式和时长的设置必须合理，可以通过反复预览来修整完善。

（3）用户在创作和装饰每个场景镜头下的画面内容时，应本着简洁、美观、易读的原则，不宜繁杂。

（4）如果用户想要为动画内容进行配音，优先寻找专业人士来录制声音文件再进行导入，或者自己录制完配音后再用专业软件进行调音优化后进行导入。如果前两项都无法执行，用户就可以选择内置的语音合成插件来完成。当然，对于动画文稿质量要求不高的情况，用户可以找个安静的环境自行录制。

（5）通常为动画文稿设置背景音乐会使整体效果加分，但是对于背景音乐类型的选择显得十分重要。另外，背景音乐的音量一定要低一些，不能喧宾夺主。

4.5 视觉化微课制作工具五——MAKA

4.5.1 MAKA 功能简介

对于绝大部分关注计算机信息技术发展的读者朋友们来说，近几年由“谷歌”引领的新一代基于互联网领域的展示动画替代方案与技术的出现，即 HTML5+CSS 两种语言的搭配正在逐渐取代传统的 Flash 动画技术的市场及用户占比。

因此，本节内容将聚焦于 HTML5 技术展示的微课的设计与制作，在这里我使用的是 MAKA（码卡）HTML5 创作及创意工具。

MAKA 作为一款 HTML5 页面制作工具，通常可应用于海报设计、宣传文案设计、节日贺卡等，当然也可以应用于微课的设计与制作。

目前，MAKA 已经研发了网页、桌面及移动端的多平台版本供用户使用，可登录 maka.im 网页版或者下载 MAKA App 进行创作。本节内容将集中讲解 MAKA 桌面版的功能及应用。下面先从 MAKA 桌面版的功能及界面来开始学习。

当用户下载并安装好 MAKA 桌面版后，再注册一个账户进行登录，就会进入如图 4-96 所示的界面。MAKA 与其他制作微课的工具一样，也分为子母界面，MAKA 提供了非常丰富的在线模板的选择及使用，但有些设计优良的模板需要用户进行账户的付费升级后才可以使用。先点选上方标签页中的“工作台”，然后再单击“创建新作品”下方的“多页 H5”，即可进入 HTML5 类型的微课设计与制作的页面。

图 4-96　MAKA 母界面

图 4-97　HTML5 创作界面

当用户进行一篇HTML5文稿的创作时，会进入如图4-97所示的界面，该界面一共分为四大区域。

1. 左侧的快捷键按钮菜单

在左侧快捷键按钮菜单中涵盖了“版式”“文本”“素材”“背景”“互动”“上传”六大模块。

其中，“版式”模块中包含的类型如图4-98所示。

图4-98　“版式”模块

在“版式”模块中，MAKA内置了封面、介绍、多图、单图、地图、文本及特效等类型。这些类型为用户在创作HTML5文稿内容时提供了非常好的版面排版与布局的引导，大大节省了创作文稿的时间。

“文本”模块是为用户在创作HTML5每一页页面内容时输入文本所需要使用的功能，它还将文本内容区分为主标题、副标题及正文等类别。

“素材”模块是为用户在创作HTML5的核心内容时所提供的内容库，其涵盖的内容素材的种类及数量十分可观，如图4-99所示。

从图4-99中大家可以发现，MAKA所提供的素材库几乎涵盖了创作HTML5文稿时所需的绝大部分素材，多达19种类型及上千个素材。

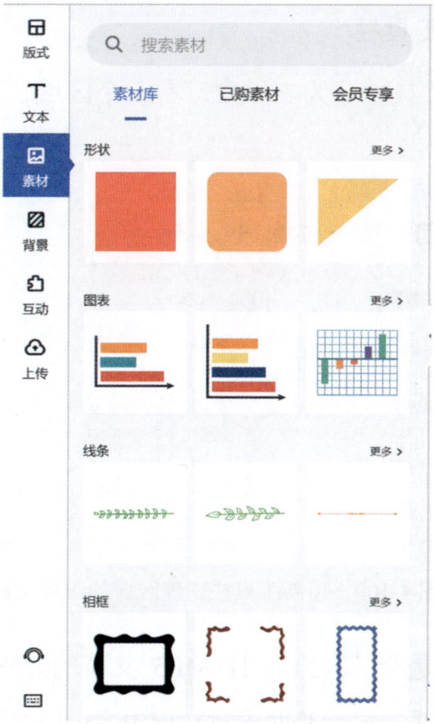

图 4-99　“素材”模块

“背景”模块同绝大部分的软件的设置几乎一致，既可以设置颜色或带有纹理的背景，也可设置图片为背景。当然，它还可以上传本地已经设计好的背景素材图片作为整个 HTML5 文稿的背景。

“互动”模块提供了非常丰富的互动组件，如表单、微信组件、相册、拨号组件、图组、投票、抽奖、接力、跳转链接、地图、视频、点赞等。在微课的设计与制作过程中，用户最常用到的互动组件有表单、图组、投票、跳转链接、视频、点赞等，这对于提升一篇微课的互动性功能有非常大的帮助。

“上传”模块主要提供的是图片素材的上传及云端存储功能，最常用的有上传“背景”图片和创作内容的素材等，并且 MAKA 还提供了对上传的图片进行文件夹的分类管理功能。

2．顶部的常用工具栏

MAKA 顶部的工具栏分为左、中、右三个区域，左侧区域的工具按钮如图 4-100 所示。

图 4-100　顶部工具栏左侧区域的工具按钮

第一个工具按钮是专门为当前 HTML5 文稿的分辨率及适配问题进行设置的，编辑区域网格线的显示有助于对文稿内容进行排版和布局的设计。

第二个工具按钮是放大和缩小当前 HTML5 文稿编辑区域的视觉面积的大小。

第三个工具按钮是最常见的通用操作，即对当前文稿的操作步骤及产生的效果进行撤销和还原的操作。

顶部工具栏中间区域的工具按钮如图 4-101 所示。

图 4-101　顶部工具栏中间区域的工具按钮

第一个工具按钮：针对当前 HTML5 文稿的当前页面中的“图层”所承载的内容进行“图层”前后顺序的操作，分别为：置顶、置底、上移一层、下移一层。

第二个工具按钮：针对当前 HTML5 文稿中当前页面的内容进行排版设置，分别为：左对齐、右对齐、顶对齐、底对齐、垂直居中对齐、水平居中对齐、水平分布、垂直分布。

第三个工具按钮：锁定当前 HTML5 文稿中当前页面的所有内容并使其变成不可修改和编辑的状态。

第四个工具按钮：删除当前 HTML5 文稿当前页面及内容。

第五个工具按钮：预览当前页面在发布后的展示效果及动画。

顶部工具栏右侧区域的快捷工具按钮，如图 4-102 所示。

图 4-102　顶部工具栏右侧区域的快捷工具按钮

第一个工具按钮：打开已购买的“素材库”并从中挑选。

第二个工具按钮：制作完成后的作品设置，涵盖了分享设置、背景音乐设置、页面设置、结尾页设置、菜单栏设置、弹幕设置等。

第三个工具按钮：同前一个作品设置对话框中的“背景音乐”标签的功能是一致的。

第四个工具按钮：保存当前 HTML5 文稿。

第五个工具按钮：用户完成当前 HTML5 文稿的创作后进行预览和分享的操作。

3．右侧的背景与图层设置栏

用户在创作一篇 HTML5 文稿时，首要的任务是为文稿设置背景或背景图片，而当某些页面所承载的内容过多时，便需要对这些内容所在的“图层”进行精细化的编辑，以保证其展示时的视觉效果，这些操作都需要通过右侧的背景与图层设置栏来完成，如图 4-103 所示。

图 4-103　背景与图层设置栏

大家通过图 4-103 可以清晰地看到，“背景”区域上拥有背景缩略图、替换背景图、裁剪图片和移除背景四大功能。在“图层管理”区域显示了当前文稿中的所有内容，并按照“图层”前后顺序进行上下排列的展示。另外，还可以设置各个“图层”的显示与隐藏，通过拖动右侧三条杠可以改变当前“图层”在当前页面编辑区的前后顺序。

4．中间的内容创作区

MAKA 所提供的文稿创作区域的界面设计同当前市面上大多数的主流软件工具一样，在内容创作区域均采用所见即所得的呈现效果。

MAKA 的文稿创作区域主要分为两部分：一部分是正中间的当前页面内容编辑及呈现区；另一部分是下方的当前文稿所有页面及序号展示，通过点选页面序号便可以切换至某个序号的页面，右侧是为当前文稿再新增一个页面。

4.5.2 使用 MAKA 制作 H5 文稿

4.5.1 节对 MAKA 的 HTML5（H5）文稿创作界面的功能进行了详细的讲解。接下来，通过一篇实际的 HTML5 文稿的制作过程来进行实践层面的学习与掌握。

第一步：用户打开 MAKA 并登录账户，在母界面中单击左上角区域的“创建新作品”下方的“多页 H5”，随即进入创作界面，如图 4-104 所示。

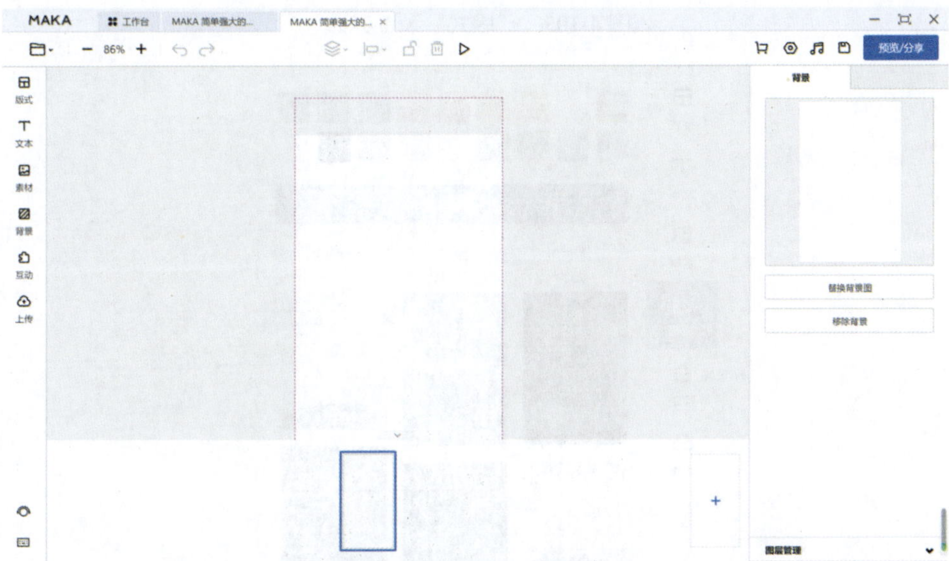

图 4-104　初始创作界面

第二步：为当前的 HTML5 首页面选取一个版式，前提是用户购买了 VIP 账户，MAKA 内置自带的版式节约了用户对页面背景及内容排版布局的创作时间，如图 4-105 所示。

倘若用户没有购买 VIP 账户，那么先为当前页面设置一个背景，单击左侧“背景”标签菜单，如图 4-106 所示。

图 4-105 “版式”设置界面

图 4-106 “背景”设置界面

此时，用户选择一种颜色或内置图片作为背景。通常都是上传一张匹配当前微课主题的图片作为背景，单击图 4-107 中的“上传背景图片”来操作即可。上传后在“我的”标签中再单击一下即可完成所上传的背景图片的替换，如图 4-107 所示。

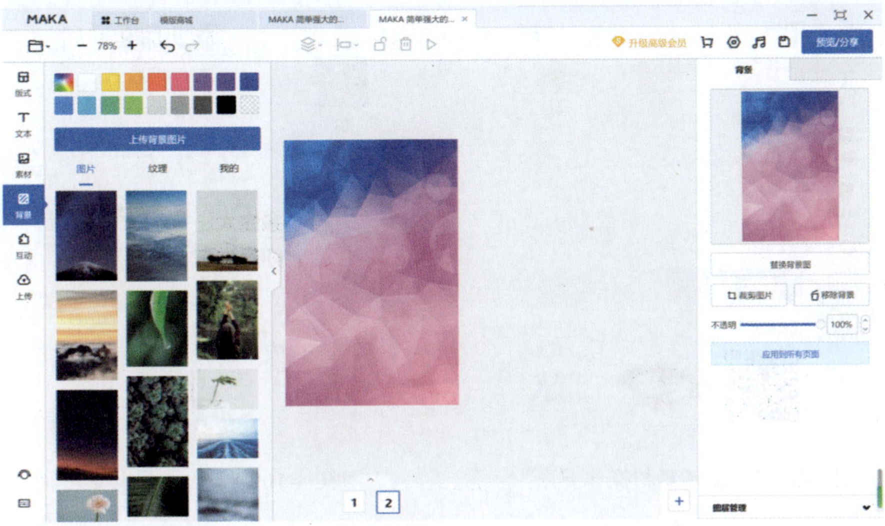

图 4-107　背景替换操作界面

当上传的背景图片设置好之后，在 MAKA 创作界面的右侧便会出现当前背景图片的预览图及相关设置。

第三步：用户需要为当前页面创作具体的文稿内容，最常见的有图片、文字、视频三大类。

首先，单击左侧“上传”标签菜单即可进行图片素材的上传及使用，如图 4-108 所示。

从图 4-108 中大家可以发现，MAKA 提供了两种图片素材上传的方式。如果用户的图片素材存储在本地文件夹中，就可以通过单击“本地上传图片”来进行操作。倘若用户的图片素材存储在手机相册中，就可以通过单击“手机上传”来进行扫码，从而操作手机内存储的图片素材的上传。

其次，当用户要为当前页面添加文字内容时，则通过单击左侧“文本”标签菜单来完成，如图 4-109 所示。

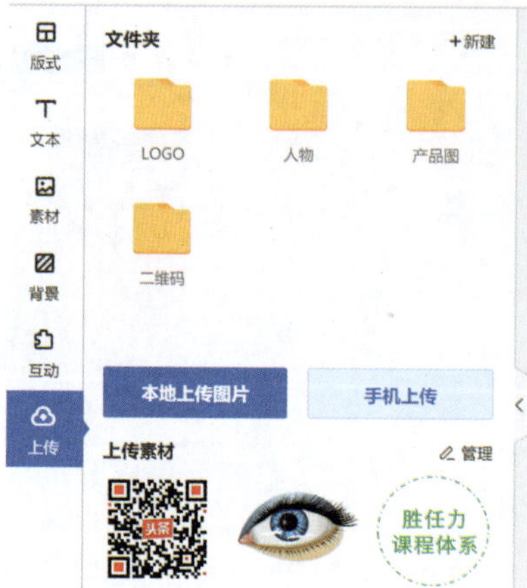

图 4-108　上传素材操作界面

图 4-109　“文本”设置界面

从图 4-109 中用户可以看到，MAKA 为输入文本内容的创作时提供了很多现成的文本内容的排版与布局的模板，这个功能可以节省用户很多时间且有效提升用户在创作文本内容时的视觉美观度。

最后，在当前 HTML5 页面中插入一段视频，这就需要用到左侧的“互动”标签菜单里的相关功能，如图 4-110 所示。

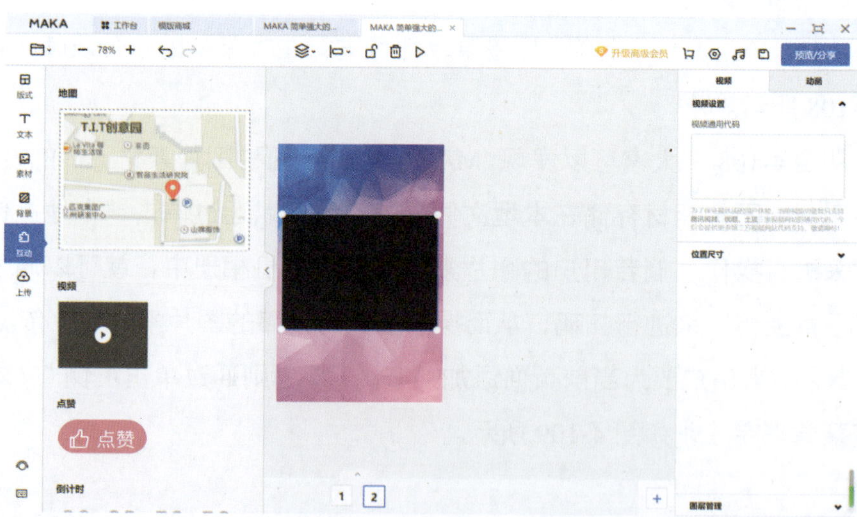

图 4-110　“互动”标签菜单

目前，MAKA 仅支持“腾讯视频”“优酷土豆”两家视频网站的在线视频通用代码。如果用户需要嵌入本地视频，就需要先将本地存储的视频先上传至那两家视频网站。

第四步：新增一个页面，重复第二步和第三步的操作。

通过单击 MAKA 创作区域底部页面预览区域右侧的加号即可完成新增页面的操作，如图 4-111 所示。

用户单击图 4-111 中右下角的“新增页面”按钮后，下方的页面预览区域便会出现一篇新的空白页面，用户可以按照这个逻辑新增并完成所有页面内容的创作。

图 4-111 “新增页面”操作界面

第五步：预览/分享当前 HTML5 文稿。

用户完成了所有 HTML5 文稿的页面内容的设计与制作之后，便可以进行预览和分享。

单击 MAKA 文稿创作界面中右上角的“预览/分享”按钮便会出现如图 4-112 所示的对话框。在这个对话框中，左侧是当前 HTML5 文稿的翻页预览，右侧可以设置当前 HTML5 文稿的一些基本信息，如更改作品封面、修改作品名称、修改作品分享链接预览块的提示信息等。

图 4-112 “预览/分享”对话框

❑ 4.5.3 用 MAKA 制作 HTML5 文稿的五大技巧

1．技巧一：多个背景设置

当用户设置好 HTML5 文稿的背景后，MAKA 默认将其填充为 HTML5 文稿每个页面的背景，此时如果需要在多个页面中的某些页面设置不同的背景，那么用户该怎么办呢？

如图 4-113 所示，单击 MAKA 文稿创作界面中左侧的“上传”标签菜单中的“本地上传图片”按钮，先上传用户想要替换的另一张背景图片，然后双击“上传成功”后的图片预览图，即可将图片添加至当前 HTML5 文稿的页面中，接着通过拖曳将图片满屏覆盖当前页面的红线框，最后右击图片，在弹出的菜单中选择“置于底层”。这样用户就将当前页面的背景设置为新上传的图片了。

图 4-113　多背景设置界面

2. 技巧二：内容的排版与布局

如果用户要制作一篇精美的 HTML5 微课，除设置背景以外，还需要对页面内容进行排版与布局。常见的内容排版与布局分为图文嵌套式、图文递进式、图文混排式、表单式、文本框式等类型。

图文嵌套式：这种排版与布局的方式通常适合首页或尾页，如图 4-114 所示。

图 4-114　图文嵌套式

图文递进式：适合以线性逻辑呈现的图文内容，如图 4-115 所示。

图 4-115　图文递进式

图文混排式：这种排版与布局的方式适合图片配以文字说明，从视觉上来说呈现为一个整体，比较工整，如图 4-116 所示。

图 4-116　图文混排式

表单式：HTML5 类型的微课的最大优势在于它具备互动性。而表单是其中最常见的一种类型（见图 4-117），在表单的排版与布局上通常采用比较简单的背景和图形点缀。

图 4-117　表单式

文本框式：当页面需要展示大量文字内容时，如果用户不想页面在视觉上显得单调，则可以采用一些带有装饰设计的文本框来承载文字内容，如图 4-118 所示。

图 4-118 文本框式

3. 技巧三：文本偏好

用户在制作 HTML5 类型的微课文稿时，文本内容是必不可少的一部分。那么，用户在 MAKA 中输入文本时应该注意哪些问题呢？

（1）用户制作的 HTML5 类型的微课文稿不同于营销类的文案，简单易读是一个核心原则。因此，尽量使用“非衬线体”类型的字体，摒弃那些带有很强修饰色彩的艺术字体。当然，首页的文本字体除外。

（2）用户在选取文本所使用的字体时，尽量选择一些无版权风险的字体，如阿里巴巴普惠体。

（3）同一篇 H5 类型的微课文稿中最多可使用三种类型的字体，否则会使阅读者产生视觉疲劳。

4．技巧四：上传素材

MAKA 提供了用户上传本地存储的各类图片素材的功能，但支持上传的图片素材格式仅包括 jpg、jpeg、png、gif 四类，并且上传的图片大小不能超过 4MB。如果用户要上传的图片大小超过 4MB，可以将源文件重新导出，导出时选择更小的像素即可。倘若成品图片大小超过 20MB，则可以使用格式工厂软件进行压缩。

5．技巧五：动画技巧

用户在 MAKA 中制作完文稿后必然需要对每个页面中的内容设置动画效果，而在设置动画效果时需要遵守两个原则才能制作出高端大气的 H5 类型的微课文稿。

原则一：动画效果宜选择动作幅度较小、表现轻盈的动画，如上移、下移、滑入、放大等。

原则二：用户为每个页面的内容设置动画时，应当按照内容的阅读顺序依次设置内容出现或消失的动画，不宜同时出现所有内容的动画或按照胡乱顺序出现内容的动画。

用户只要掌握好以上两个原则来进行动画的设置，就不会出现给人杂乱无章的感觉的文稿动画。

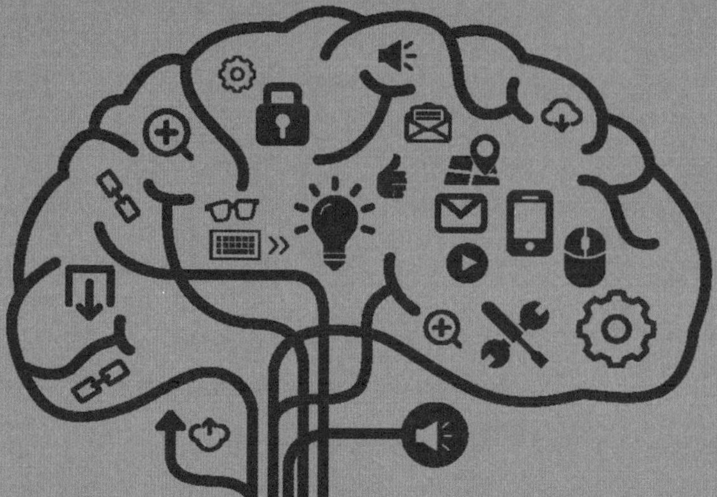

第1章 定义微课（1D：Define）

第2章 开发微课（2D:Develop）

第3章 设计微课（3D:Design）

第4章 制作微课（4D:Do）

第5章 交付微课（5D:Deliver）

当人们完成一系列微课的开发与设计制作后，紧接着便是将微课成品进行应用并发挥它的价值。在开展微课应用的过程中，人们需要深耕服务的理念，而对服务理念最好的诠释是“交付”一词。将微课成品顺畅、完整地交付到人力资源管理部门，经由人力资源管理主管交付到学习平台或业务部门，最终将微课交付到学员的手中进行学习与实践活动。

5.1 整理微课教学资料包

在交付微课成品准备工作过程中，首要的步骤是整理出微课教学所需要的完整资料包。这个资料包可以帮助微课开发者在任何时候对微课内容进行二次创作与持续优化。微课开发者在整理微课教学资料包过程中可以不断反思并检查微课结构与逻辑、内容创作、视觉与动画设计的科学性与专业性，从而为精品微课乃至是品牌微课的产生打下坚实的基础。

5.1.1 微课开发与设计制作过程的文档

通过本书前几章节的内容引导，微课一步一步被开发并设计制作成成品。在这样的操作过程中，每个关键节点资料的有效留存是非常关键且必要的。那么，在微课制作过程中需要进行哪些关键节点资料的有效留存呢？

1. 微课原始课件

通常，微课原始课件是指在进行微课开发时的 PPT 文稿、Focusky 文稿、万彩动画大师源文稿、MAKA 源文件等，这些资料都必须保存到计算机本地文件夹中，以备微课开发者随时打开进行修改和完善。一旦需要对微课成品内容进行修改，第一步就是从这里开始的。

2．微课设计素材

在设计与制作微课原始课件时，必然会涉及课件所涵盖的多媒体素材，如 PPT 模板、3D 小人、背景图片、ICON 图标素材、图表素材等。这些素材是微课开发者在修改微课原始课件时不可避免地进行删减或新增的部分，因此一定要完整保存好。另外，如果在微课原始课件中使用了大量自行设计的图形素材，就需要连同图形素材 PS、AI 等源文件共同保存好。

3．微课台词脚本

当设计与制作微课课件时，便需要为其撰写台词脚本。有时候撰写台词脚本会成为微课开发与设计制作的第一步，这里暂且不讨论这个问题。需要注意的是，微课台词脚本是微课教学时讲授的语音内容脚本，按照主流微课时长为 7 ~ 15 分钟来界定，它的字数通常为 1200 ~ 3000 字。如果重新修改微课原始课件的内容，微课台词脚本的内容就需要进行相应的修改。这时候，只需要在保存好的微课台词脚本上进行直接删减和新增内容就可以，大大节约了微课开发者的时间。

4．微课内容素材

微课内容的开发要基于工作经验，覆盖知识、技能和态度。企业员工在开发微课内容过程中需要收集大量的外辅资料和工具，甚至是创造一些实用场景内的流程、工具与方法论。这些都会随着公司业务的发展、市场环境的变化、公司产品与服务的更新、个人能力的发展等进行迭代与优化，因而保存这部分内容素材也是十分必要的。

5. 视频剪辑源文件

无论是微课评审委员会专家评委给予的微课优化建议，还是公司对微课及微课开发导师的管理制度所要求的阶段性微课内容更新与迭代，只要对已经设计与制作完成的微课成品进行修改，最后一步就都是对微课成品视频进行剪辑。微课视频剪辑的源文件承载着教学录音、字幕、动画特效等素材。微课开发者可以直接从微课视频剪辑的源文件中进行内容的修改和完善。

❑ 5.1.2 微课教学设计资料

优质的微课成品一定是经过专业的微课教学设计的。通常，微课教学设计从三个维度来实施，分别为前期微课学习准备设计、中期的微课教学内容设计，以及后期的微课学习辅助设计。

1. 前期微课学习准备设计

通常，在企业内部进行微课学习的学员都是“小白”员工。他们在岗位工作胜任过程中急需补充大量的知识与技能。因此，企业内部开发出来的微课内容大部分非常细枝末节且十分贴合企业所经营的实际业务范围，“小白”员工在学习与掌握微课内容前必须进行一些早期的学习准备事宜。这些学习准备一般包括以下几个方面：

（1）企业的组织架构与业务线条分布。

（2）微课开发导师的基本履历。

（3）自身岗位所在专业线条的实践框架。

事实上，对这三个方面的学习准备也是微课开发者在充当微课开发导师这个角色，以及承担微课开发任务时必须思考清楚的内容。如果微课开发者不清楚自己开发出来的微课所对应的学员是谁，这些学员为什么要学习这门微课，这些学员学习了这门微课有什么作用，那么微课开发者很可能在一条错误方向的道路上渐行渐远。

2. 微课教学内容设计

首先，微课必须完成一门课程的使命。微课在教学内容的设计理念上与其他课程有相同之处，但又存在一些差异。这些差异使微课教学内容设计存在一定的局限性，需要微课开发者从更高维度来进行创新的教学设计。下面有三种方式适合微课教学内容设计。

（1）提问式。当微课导师讲授微课时，面对一些重点、难点，通过提问的方式能够引起学员的注意力，停顿几秒，给予学员思考的时间和机会。这样大大提升了学员对微课内容中重点、难点部分的理解和记忆强度。

（2）多角色参与式。通篇的微课内容都是一个人在讲授会显得有些枯燥和乏味。这时候，就可以设计并引入多个角色及形象参与到微课内容的讲授中，使微课内容变得丰富有趣，同时有效地防止学员的注意力转移和分散现象发生。

（3）互动式。在传统教学设计中均会涉及互动性教学内容。微课开发者在面对线上微课教学内容时就需要转变其实现的途径和方法，那就是通过 HTML5 技术来实现微课教学内容的互动。这种基于技术优势实现的微课教学内容的互动会让学员拥有超凡的学习体验感，并对微课内容教学所能实现的功能进行拓展和延伸，未来将变得更加强大、实用。

3. 微课学习辅助设计

微课开发者一定希望其设计与制作的微课成品能够被尽可能多的人观看和学习并有所收获。这就需要微课开发者在帮助学员学习微课时提供一些辅导和帮助，使学员在学习完微课内容后可以获得更佳的体验感。常见的微课学习辅导和帮助的方式有以下几种。

（1）学习资料包。微课因篇幅有限，其能够承载的内容自然是有限的，对微课中未详尽说明的部分内容，可以将它整理为一个学习资料包通过“二维码”的形式供学员下载后辅助学习。

（2）有奖问答环节。在微课内容中设置一个有奖问答环节可以增加微课内容的互动性和趣味性，还可以获得微课之外的话题性。

（3）学习与实践计划。当学员学习了微课内容中的知识与技能后，如果不加以实践便无法显现出微课内容的实质性价值，因此微课开发者要为学员制定微课学习后进行实践应用的方法和路径并加以指导。

5.1.3 微课学习社群

社群化学习是当下最响应时代的一种学习方式。倘若微课学习也能够乘上这样一艘顺风船，无疑是微课学习效果评价中最好的一条实践路径。微课开发者应用微课学习社群需要从以下几个方面着手来打造。

1. 学习方式立体化

在科技快速发展的时代背景下，人们的学习方式已经发生了翻天覆地的变化。微课开发者在打造微课内容及微课体系的学习社群时，既可以借助于企业已有的线上学习平台，也可以基于社会化渠道的诸多社交媒体平台，还可以设立企业内部线下学习的实体课堂。

其中，线上社群可搭载“微课开发工作坊”中的视频微课成品、直播微课堂、微信群、QQ 群等，而线下社群可以开展小咖面对面、微课 Hour、师徒友谊赛等丰富多样的实体形式。

2. 内容承载多元化

一名微课开发者致力于打造其微课学习社群时，就意味着其在朝着知识型 IP 的道路上奋进。此时，微课开发者在微课学习社群中发布持续的微课内容及相关学习资料时，不仅可以发布原创类的文章及学习资料，也可以通过收集行业内、专业领域内更多垂直领域专家的原创学习资料进行直接转发或二次创作并优化后发布。

提示：微课开发者可以发动微课学习社群中任何一个有分享和贡献意愿的人来发布与微课主题所属业务线条及专业领域相关的原创类学习资料。

总之，在微课学习社群构建与运营过程中，学习内容可以通过多元化的途径与方式获得并最终应用到微课学习社群的活动中。

3. 学习价值显性化

从现实情况来看，要搭建和运营好微课开发者所属的微课学习社群是一件非常不容易且耗时费力的事情，这就需要微课开发者考虑清楚如何将构建微课学习社群的价值显性化展现出来。

（1）学习实践后的成果表现。创建微课学习社群的目的之一是帮助学员解决在学习完微课内容后进行学习转化的过程所遇到的问题与挑战，两者能够得到及时的指导与交流，促使学员有意愿进行学习实践的成果输出。

（2）学员的学习拓展表现。如果微课开发者能够及时有效地指导学员处理学习实践的疑问与难题，就有了学习实践的成果输出，尤其是表现优异的学员便可以在微课导师教授内容的基础上进行二次创造和优化，使得原本的微课内容有了更多的应用范围与深度，也使得微课内容的边际效用与价值得到了扩张。这就是学员学习微课内容之后进行拓展表现的有力证明。

（3）学员的行为改变表现。当学员能够从学习实践与学习拓展中收获成长与价值的获得感，便会进一步激发学员在日常工作任务过程中尝试用新方法和技巧来解决问题。由此，大家会发现，学员完成微课学习后从行为层面上真正发生了改变，而这种改变会直接延伸到学员的工作绩效表现中。从柯式四级评估体系来看，微课的学习价值就突显出来了。

5.2 开展微课项目的完整流程

我与培训经理的对话

张经理：汪老师，您好！我已经想清楚要如何开展微课项目了，并且打算在下一个季度就正式筹备（微课项目），请问到时候我要如何操作微课项目呢？

汪老师：张经理，您好！提到微课项目具体的实施计划与流程，我这里有一个完整的流程供您操作时作为指引。

企业要开展一个完整的微课项目，应按照以下五个步骤进行操作（见图 5-1）。

图 5-1　微课项目实施流程

❑ 5.2.1 步骤一：梳理课程体系

微课开发者在规划和梳理微课课程体系时，可以按照前文提到微课应用的三个层级，只要想清楚了适合从哪个层级开始，就可以按照前文中的具体内容进行操作。

❑ 5.2.2 步骤二：匹配开发人员

在微课开发者规划和梳理好微课课程体系后，企业就可以从三个层级来匹配和选拔微课开发人员。

1．从微课应用的第一层级开始

如果从微课应用的第一层级——学习资料开始，匹配开发人员就非常简单了。企业只需要制定和宣贯微课大赛的赛制，然后就可以面向企业内部全体员工来召集微课开发者（微课大赛参赛者）。

2．从微课应用的第二层级开始

如果从微课应用的第二层级——学习项目开始，那么主要是企业依照规划好的微课课程体系下设立的微课主题来召集的微课开发者。他们通常都是企业内部各个业务线条上的业务骨干与岗位精英。简单来说，当企业设立微课主题后，便开始在企业内部匹配微课内容的最佳实践者。而当大家选定了某位员工作为该微课主题的内容开发者后，企业随即与他（她）签订相关协议，认证其为该门主题微课的讲师，负责该主题微课内容的开发与设计制作，并且每年进行一次更新与优化。如果该员工承担了多门主题微课的开发者角色，就可以按每门主题微课签订一项协议，以此类推。

3．从微课项目应用的第三层级开始

如果从微课项目应用的第三层级——人才发展开始，在规划和梳理好

的微课课程体系基础上就可以按照企业内部典型的四类人群来进行匹配和选拔微课开发者，如企业内部培训师、业务骨干、企业管理者、岗位精英。

内部培训师——大部分企业有正式或非正式内部培训师队伍。他们是企业内部兼具实战与理论的导师，也是微课开发者的第一人选。

业务骨干——每家企业都有自己专注的业务线条，必然就存在对自家业务线条及专业领域非常有研究、有经验的业务骨干。他们是微课开发者的第二人选。

企业管理者——优秀的企业管理者通常都是从业务骨干队伍中晋升与选拔而来的。优秀的企业管理者不仅可以贡献企业管理智慧，而且他们也是某些业务线条与行业领域的专家。他们是微课开发者的第三人选。

岗位精英——顾名思义，他们是在企业内部某个岗位上绩效与能力出众者。这样的人完全可以召集起来作为微课开发者，但往往其不太擅长将自己的最佳实践与经验转化为显性化微课内容，所以他们是微课开发者的第四人选。不过，岗位精英开发出来的微课内容可以通过有效的引导与工具辅助使微课质量颇为优质。

❑ 5.2.3 步骤三：实施微课项目

通常，微课项目的实施与普通学习项目的实施并没有太大的区别，均按照一个基本的学习项目实施流程来执行，具体流程如下：

1．确定主题

通常，起始步骤最简单，微课主题无非有以下三大类：

（1）某集团微课大赛之《微课开发与设计制作工作坊》。

（2）新员工训练营之《线上微课开发与设计制作工作坊》。

（3）某公司销售序列岗位精英之《微课开发与设计制作工作坊》。

2. 主题框架

通常，企业实施微课项目的主题框架涵盖了如下内容，一般以案例的形式呈现。

（1）档期与时长。2020 年 6 月 18 日—21 日共 4 天 3 晚。

（2）学员对象。

① 公司全体中基层干部。

② 各业务线条部门业务骨干。

③ 销售序列岗位精英。

④ 公司全体内部培训师。

（3）培训目标。

① 掌握微课开发的开发步骤与技巧。

② 每人基于小组大主题开发一门场景主题或案例。

③ 根据关键工作任务梳理出核心实操技能与标准。

④ 根据岗位工作流程与任务整理出必要的知识点。

⑤ 掌握从微课脚本到微课成品的设计与制作技能。

⑥ 掌握五门视觉化微课设计与制作的工具及辅助工具。

（4）产出形式及成果。

① 形式：Word+PPT+视频+图形动画+手绘动画+场景动画+辅助工具。

② 成果：一门微课脚本或案例/人。

多个流程节点的知识与技能实操标杆/人。

一门 PPT 式微课/人。

一门图形式微课/人。

一门手绘式微课/人。

一门场景式微课/人。

一门交互式微课/人。

（5）“5D 微课”课程框架，如图 5-2 所示。

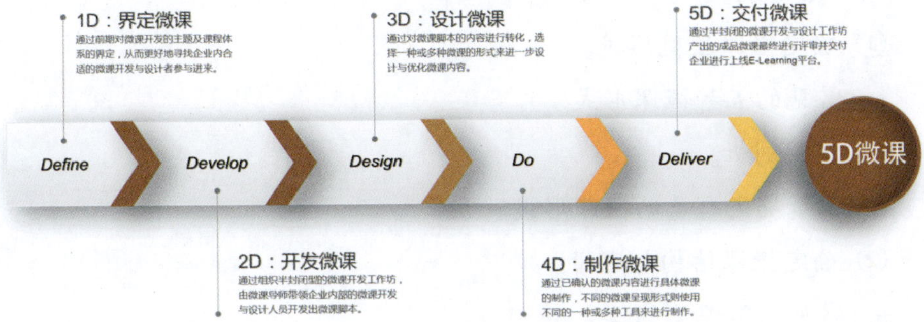

图 5-2　“5D 微课”课程框架

3. 课程体系

以我自主研发的“5D 微课”课程体系为例，如图 5-3 所示。核心课程体系主要分为开发微课、设计微课、制作微课三大模块。

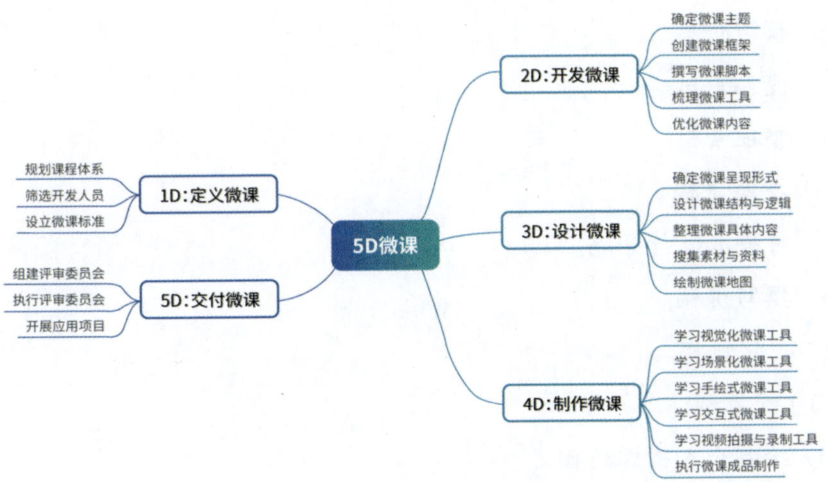

图 5-3　“5D 微课”课程体系

4. 具体课程

这里以“5D 微课”课程体系中一门课程为例，其课程详细介绍如下：

“模块三：5D 微课™之 3D 设计微课”（0.5～1 天）

（1）结构线。

① 确定微课呈现形式。

a. 常见的五种微课形式。

b. 案例剖析。

c. 学员确定自己的微课形式。

② 确定微课结构与逻辑。

a. 常见的微课结构。

b. 优化微课逻辑。

c. 设计自己的微课结构与逻辑。

（2）内容线。

① 确定场景。

a. 设计微课场景。

b. 撰写脚本。

c. 搜索素材。

d. 整理素材。

② 撰写讲稿。

a. 对脚本进行分隔。

b. 撰写讲稿。

c. 优化讲稿。

（3）交互线。

① 绘制个人微课地图。

② 小组内分享。

③ 小组内互评。

④ 优化修改微课地图。

⑤ 确定最终微课地图。

5．课程教学形式与师资类型

针对目前我国常见的课程教学形式与师资类型，我列了一个表单仅供大家参考，见表 5-1。

表 5-1　课程教学方式与师资类型

方式与类型	层次细分	
	大类	细项
教学方式	讲授式	公开课
		讲座
		论坛
	互动式	圆桌会
		大咖面对面
		沙龙活动
教学方式	行动学习式	头脑风暴
		团队共创
		世界咖啡
		团体咨询
师资类型	学院派	大学教授/讲师
		考证辅导老师
	实战派	企业中高管覆历
		企业业务专家覆历
	理论与实践结合派	企业人力资源管理者覆历
		企业内部培训师覆历

企业在开展微课学习项目时应针对不同的项目设计、学员对象，以及预期达到的学习效果来选择适合的课程教学方式与师资类型。

这五个维度是微课项目实施之前的典型流程，基于此流程可以保障微课项目的设计与实施取得成功。

❑ 5.2.4　步骤四：评审交付微课

当微课开发者完成微课开发与设计制作的工作项目后，就要组织微课成品的交付评审工作。

通常，微课评审专业委员会给微课开发者预留两周左右的时间，让其对课微课成品进行优化，然后再组织评审。

评审操作步骤如下：

（1）组建评审微课专业并委员会。

（2）执行评审微课成品并打分。

在组建微课评审专业委员会时，企业培训负责人可以在企业内部通过办公 OA 系统、邮件等渠道发布招募微课评审专业委员会评委的通知。通常，微课评审专业委员会由人力资源部门培训负责人和每条业务线条 1～2 名业务骨干组成。最好再邀请公司分管人力资源部门的副总经理担任微课评审专业委员会名誉领导。

接下来是提交微课成品环节。如果微课数量大则可以按照不同的业务线条来组织微课评审会，并邀请业务骨干参与进来。微课评审会组织方委派一个人来专门用投影仪或大屏幕电视将微课开发者提交上来的微课成品逐一播放，播放完成后现场微课评审专业委员会委员进行打分。微课成品评审表，如表 5-2 所示。

表 5-2 微课成品评审打分表

序号	姓名	主题与框架（20 分）	内容及材料（20 分）	设计风格（20 分）	微课台词（20 分）	画面及声音（20 分）	总得分（满分 100）
		① 微课主题吸引人，框架与逻辑引人入胜（16～20 分）；	① 微课内容吸引人，材料专业实用（16～20 分）；② 微课内容正确无误，	① 微课内容设计非常有创意且美观（16～20 分）；	① 微课台词结构逻辑引人入胜，内容吸引人（16～20 分）；	① 微课画面高清美观，比例完美、声音悦耳（16～20 分）；	请评委根据提交的微课成品质量进行各项打

续表

序号	姓名	主题与框架（20 分）	内容及材料（20 分）	设计风格（20 分）	微课台词（20 分）	画面及声音（20 分）	总得分（满分 100）
		②微课主题鲜明，框架与逻辑清晰（10～15 分）；③微课主题受众广，框架与逻辑无误（5～9 分）	材料准确无误（10～15 分）；③微课内容无明显错误，材料真实有效（5～9 分）	②微课内容设计较美观大方（10～15 分）；③微课内容设计版面清晰（5～9 分）	②微课台词结构逻辑清晰，内容专业（10～15 分）；③微课台词结构逻辑无明显错误、内容尚可（5～9 分）	②微课画面清晰、图像悦目、声音清晰（10～15 分）；③微课画面无模糊、声音可辨（5～9 分）	分，然后统计总得分
1	×××						
2	×××						
3	×××						
4	×××						
5	×××						
评委建议（必填）							

在微课评审会上，组织方将微课成品评审表打印出来并发放给每位评委。每观看完一个微课成品后，给予评委 2 分钟进行打分与撰写评委建议。最终，每个微课开发者提交上来的微课成品总得分为所有评委评分的平均分。

注意：在微课评审会结束后，负责人将评审结果与评委建议反馈给每位微课开发者。如果微课开发者提交评审的微课成品总得分少于 70 分（满分 100 分），须让微课开发者按照评委建议重新修改并优化微课内容后再次提交评审，直至微课开发者分高于 70 分方可上传至 E-Learning 平台或进行微课学习项目的应用。

5.2.5 步骤五：开展应用项目

在企业内部策划任何一个学习项目时，都要事先想好项目如何落地，企业追求的目标与成果是什么。这样以结果为导向来做事必然事半功倍。更好的一种方法是将结果衡量的标准先制定出来，然后按照这个标准进行反推项目每个流程与步骤的执行计划与细节要求。这样的方法更加科学可控，符合这个行业对效度、信度、深度的追求。

我与培训经理的对话

张经理：谢谢汪老师的分享。我要先认真地想一想！如果我准备开展微课项目，那么我该从哪里着手呢？

汪老师：我建议你先去仔细摸底贵公司的业务及人才发展面临的诉求，然后就可以从人才发展规划开始着手了。

5.3 微课学习项目的三级应用

微课在我国发展至今已有十几年的时间，我总结出微课应用一般分为三个层级的应用。

5.3.1 第一层级的应用：学习资料

第一层级的应用是最基础的应用，适用于所有企业最开始上线 E-Learning 平台时所采用的微课应用方式。这种方式虽然没有系统地规划微课课程体系，但是有一个好处——它往往采用微课大赛的形式来号召企业内部全员参与，这样就会让企业内部 E-Learning 平台的微课数量丰富起来。有了这样一个基础性的、大量的微课便解决了微课数量问题。

下面以一家企业 E-Learning 平台上管理综合类的课程体系规划目录为例进行介绍。

大家从图 5-4 中可以看到，这是一个规划了三级目录的 E-Learning 平台。企业在开发了线上微课之后，便可以将微课内容上传至第三级目录下。

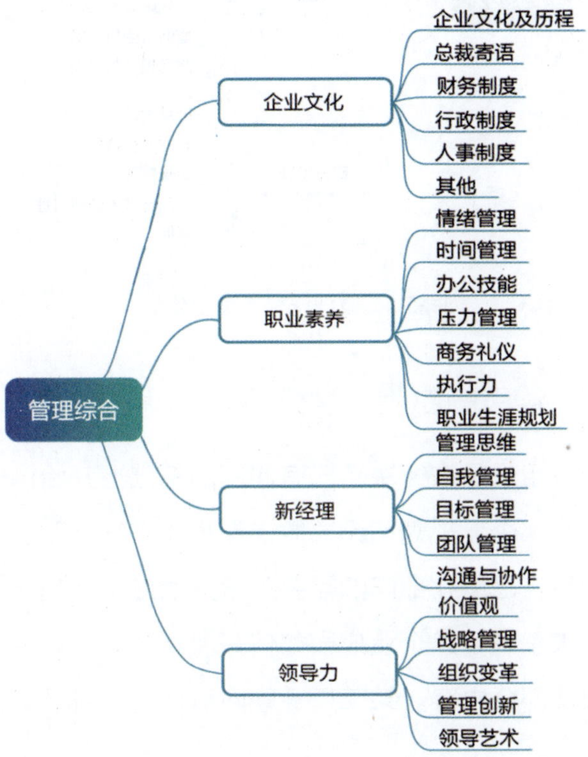

图 5-4　微课课程体系规划目录

业务类的微课体系规划可以从两个角度来区分：一个角度是以企业所拥有的产品与服务类目作为一级目录；另一个角度是将企业内核心业务线条所涵盖的专业序列类目作为一级目录。微课课程体系划分如图 5-5 所示。

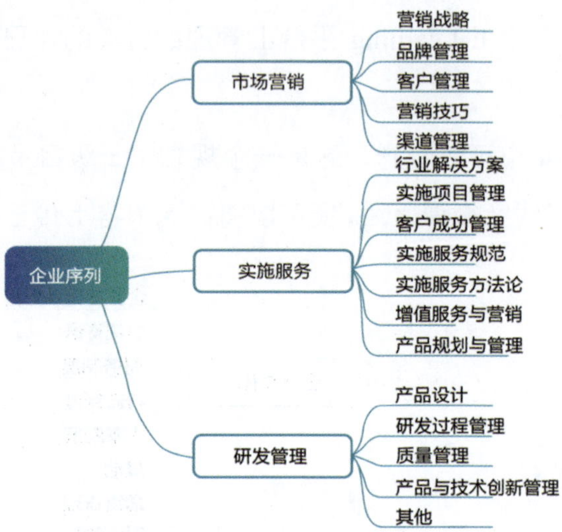

图 5-5　微课课程体系划分

5.3.2　第二层级的应用：学习项目

第二层级的应用便是在解决了已有问题的基础上开始讲究微课的质量与应用效果。此时，企业规划和设立微课课程体系需要贴合业务部门的需要或者学习管理者自己所在部门的需要，常见的应用就是新员工入训。我曾写过一篇文章来系统阐述企业应当如何开展新员工入训。下文介绍该篇文章的内容框架及部分内容。某工厂互联网科技公司新员工培养方案，如图 5-6 所示。

图 5-6　某 IT 互联网科技公司新员工培养方案

第一阶段：宣贯篇。

本阶段目标：

（1）帮助新员工对公司有一个整体的了解。

（2）帮助新员工熟悉公司的规章制度及流程。

（3）帮助新员工了解整个公司各项业务及运营状况。

第一阶段“宣贯篇”课程框架可以程框架共划分为如下四个模块。

模块一：文化篇（**应用微课**）。

模块二：制度篇（**应用微课**）。

模块三：业务篇（**应用微课**）。

模块四：互动篇。

“宣贯篇”具体课程如下。

文化篇：企业文化及发展历程（**线上微课**）。

制度篇：企业规章制度及流程说明（**线上微课**）。

业务篇：企业几大业务概述（**线上微课**）。

互动篇：答疑+测评（**线下课堂**）。

第二阶段：赋能篇。

本阶段目标：

（1）带领新员工全面融入企业文化与团队。

（2）让新员工深入了解整个公司运营与发展状况。

（3）让新员工对公司核心产品与业务有全面的了解与认识。

（4）让新员工掌握一些岗位必备的通用技能和专业知识。

（5）让新员工在企业有清晰的职业规划。

（6）培养新员工在企业有创新思维与实践的能力。

根据对本阶段目标的分析与整理归纳，本阶段的课程框架共分为以下五个模块。

模块一：团建篇（线下活动）。

模块二：通用篇（线上或线下微课）。

模块三：业务篇（线上或线下微课）。

模块四：专业篇（线上或线下微课）。

模块五：考核篇（线上+线下）。

第三阶段：实践篇。

本阶段目标：

（1）激发新员工在学习后进行实践的意愿。

（2）提升新员工在学习实践中的执行能力。

（3）促使新员工在实践中发现问题与解决问题的能力。

（4）提升新员工在实践中的团队协作能力。

通过引导新员工建立学习实践的方针与行动计划。本阶段的实践框架共分为以下四个模块。

模块一：焦点讨论。

模块二：制订个人及小组行动计划表。

模块三：按计划推进和执行计划。

模块四：追踪行动计划执行情况。

从某 IT 互联网科技公司新员工培养方案中，大家不难看出在很多维度的课程体系规划时都可以应用线上或线下的系列课程。

从表 5-3 中可知，绝大部分在过去通过实体课堂开展的培训课程都可以转化开发成为线上微课系列，以降低线下实体课堂所带来的成本压力。而表 5-3 最后一栏的课程主题可以直接在我的“5D 微课开发与设计制作工作坊”课堂现场通过我的引导来帮助学员确立。

表 5-3　新员工培养课程体系

阶段	框架	课程体系	课程形式	课程主题
宣贯篇	文化篇	企业文化及发展历程	微课	
	制度篇	企业规章制度及流程	微课	
	业务篇	企业主体业务概述	微课	
	互动篇	答疑+测评	线上+线下活动	
赋能篇	团建篇	拓展活动+文化之旅	线下活动	
	通用篇	职场通用技能系列课程	微课	
	业务篇	企业目标市场及产品服务	微课	
	专业篇	岗位必备基础技能	微课	
	考核篇	笔试+实操考核+答辩	线上+线下活动	
实践篇	焦点讨论	基于工作任务发起研讨	线下课堂	
	制订行动计划	个人或团队学习实践计划	线下课堂	
	推进行动计划	学习实践计划的进度控制	线下活动	
	追踪行动计划	学习实践计划的成效	线上+线下活动	

另外，在很多传统行业都拥有企业师傅带徒弟的导师制体系。随着微课时代的来临，企业在搭建与实施导师制体系时，需要构建三大支柱的内容。

第一大支柱内容：设计导师制管理体系。

第二大支柱内容：培养导师带教技巧。

第三大支柱内容：开发导师带教内容。

在第三大支柱内容的构建过程中，微课可以发挥力量与价值。通常，开发导师的带教内容主要有两大部分：一部分是由同一个业务线条的多名导师共同开发基于专业线条岗位的岗位手册；另一部分是由同一个业务线条的多名导师共同开发基于专业线条岗位典型的场景课程。

因此，大家可以清晰地看到企业在搭建导师制体系时就已经开展微课开发与设计制作工作坊的项目了。这样，既节约成本又使导师带教的质量与成效显著提升。

5.3.3 第三层级的应用：人才发展

第三层级的应用是基于企业的人才发展体系（培训体系）搭建后具体落地执行时所需要的应用。

搭建企业人才发展体系的三个阶段，是基于以下三种体系设计的。

（1）基于业务驱动的培训体系。

（2）基于人才驱动的培训体系。

（3）基于生态驱动的培训体系。

这三个阶段的人才发展体系（培训体系）可适用处于不同发展阶段的企业，或者是同一家企业在不同发展阶段的培训体系转型升级。

其中，第一阶段是基于业务驱动的培训体系设计的，适用于获得初期创业成功与快速成长期的中小型企业。为什么这样说呢?

因为每一家创业型企业在获得初期成功以后，在它的背后都是其商业模式得到验证并且企业的业务能够有效流传开来，此时初创企业的核心仍然是加强业务流转的成熟度与效率，以及随时的业务小范围的修缮与完善。

当企业处在发展阶段时，只需要设计基于业务驱动的培训体系，即开展企业几大核心业务线条的业务流转培训。

但是，如何把这项看似简单的工作做成业界的楷模与高度专业级的呢?

很简单，企业管理者只需要花费一些时间来梳理企业几大核心业务线条的工作方法论。我曾经在企业内部就梳理过一些工作方法论，通过对工作方法论的梳理与内容的构建便可以为企业在核心业务发展上提供人才持续补给。

以销售序列为例，有一个通用的方法论——PPVVC（参考基斯·M.伊迪斯的著作《新解决方案销售（第 2 版）》）。

Pain（痛点）——挖掘客户痛点，客户有了痛点，才有购买的源动力，所以必须先搞清楚客户的痛点。

Power（权力）——找到那个有购买决策权的人，接下来的一系列销售行为与动作都要“触达”这个人。

Vision（愿景）——向客户演示或描绘购买产品与服务后的美好景象，让客户进入产品与服务体验的想象空间。

Value（价值）——向客户准确清晰地呈现购买产品与服务后突显的几大价值，一定要是以客户为根基的价值。

Control（控制）——控制客户购买的流程与进度，深入客户群体了解并熟悉购买流程，进而介入控制流程操作的进度，让成交的行为高效完成。

那么，基于此销售序列的工作方法论，便可以在 PPVVC 每个步骤中挖掘出常见的工作场景，而工作场景就是微课主题设立所在的层级。PPVVC 示例，如表 5-4 所示。

表 5-4 PPVVC 示例

销售流程	微课体系	微课主题	主题框架
Pain	“获客”渠道	五大获客渠道	
	挖掘客户痛点	三招挖出客户痛点	
	分析客户痛点	客户痛点知几何	
Power			
Vision			
Value			
Control			

在表 5-4 中，以销售序列中的第一个 Pain 为例进行剖析，在梳理完业务线条的方法论之后便可以在其下一层级规划微课主题。

第二阶段是基于人才驱动的培训体系。当企业迈过快速成长期转而进入成熟稳定期，以及向转型发展期过渡时便需要将培训体系从业务驱动的方式升级为人才驱动的方式。

大家从图 5-7 中可以看到在销售岗位的学习与发展过程中需要历经三个层级。

第一层级：基础技能，其关键词为“公共”。

第二层级：专业技能，其关键词为“聚焦”。

第三层级：任务角色，其关键词为“执行”。

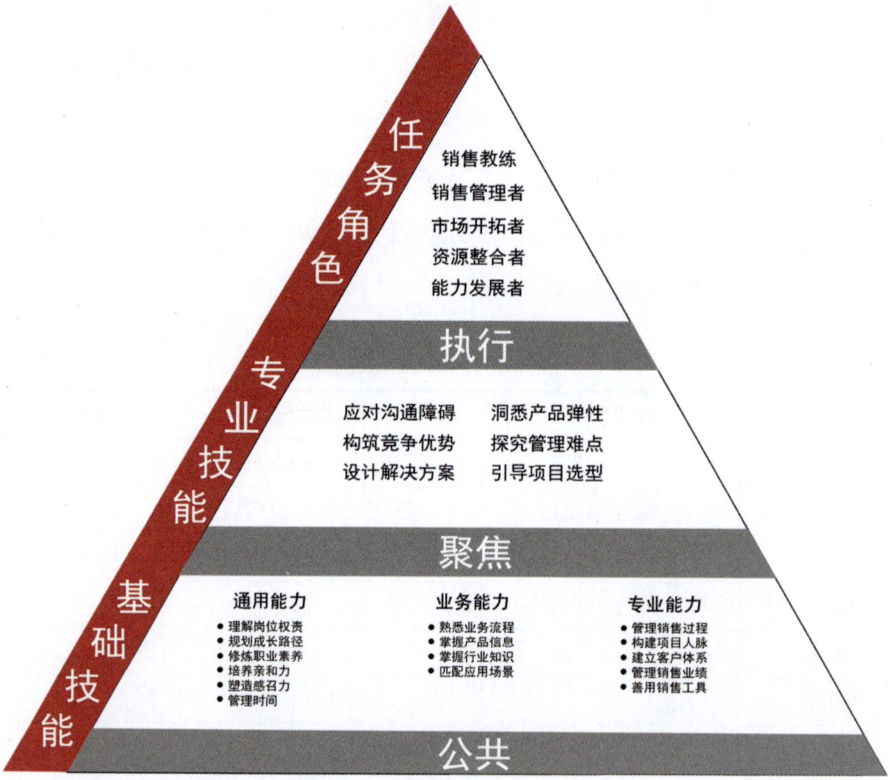

图 5-7　销售岗位胜任力模型

其中，在第一层级基础技能中主要分为三个维度。

第一，通用能力，主要包含如下内容：

（1）理解岗位权责。

（2）规划成长路径。

（3）修炼职业素养。

（4）培养亲和力。

（5）塑造感召力。

（6）管理时间。

第二，专业能力，主要包含如下内容：

（1）熟悉业务流程。

（2）掌握产品信息。

（3）掌握行业知识。

（4）匹配应用场景。

第三，业务能力，主要包含如下内容：

（1）管理销售过程。

（2）构建项目人脉。

（3）建立客户体系。

（4）管理销售业绩。

（5）擅用销售工具。

在第二层级专业技能过程中，主要聚焦几大核心工作任务的能力培养与提升，主要包含六大模块。

（1）应对沟通障碍。

（2）构筑竞争优势。

（3）设计解决方案。

（4）洞悉产品弹性。

（5）探究管理难点。

（6）引导项目选型。

在第三层级任务角色中，这是针对销售岗位的职责所覆盖的专家角色。因此，大家一定要记住企业内部或职场上的专家都是按角色排比的，同时一定是产出于岗位（职位）职责这个层级的。从这个角度来说，人们经常听到、看到或结交到某个领域的专家，他（她）一定是这个领域内某一个或多个岗位职责上的多个专家角色来共同构成的。

在这个销售胜任力模型中的专家有五大任务角色。

（1）销售教练。

（2）销售管理者。

（3）市场开拓者。

（4）资源整合者。

（5）能力发展者。

相信一些读者很想知道岗位胜任力模型是如何开发出来的?

本书主要围绕微课来展开，此处不再赘述，欢迎大家在图钉学社的“微信公众号”或“头条号”后台留言与我互动交流。

第三阶段是生态驱动的培训体系。当企业发展壮大以后，渐渐地成长为集团型企业。而集团型企业的培育通常有三种思路：第一种思路是基于业务线条的扩展，使业务线条及其产品服务围绕一个定位或目标群体进行生态链的打造。例如，小米集团是围绕“Home”这个概念来打造其生态链的业务及产品服务所培育起来的集团型企业。第二种思路是基于业务线条的上下游供应商与服务商体系来培育的集团型企业，即集团内部的成员企业或分公司、子公司、控股公司之间都定位于某个行业、领域或某一类（可多类）目标群体进行供应一个或多个产品与服务的上下游封闭（半封闭）产业链上。例如，苹果集团围绕“手机”这个产品展开了核心部件的研发与生产制造、操作系统的研发与应用、苹果商店及软件产品的研发与应用等，这些细分成品或半成品产品与服务都是基于生产销售一个完整的手机及向用户提供手机服务而精心打造的。第三种思路是上述两种思路的混合，这种集团型企业也是时下一些巨头企业典型的形态，如 BAT、中央企业等。

所以，当一家企业发展成为集团型企业时，它便需要将其培训体系从人才驱动型培训系升级为生态驱动型培训体系。生态驱动型培训体系，如图 5-8 所示。

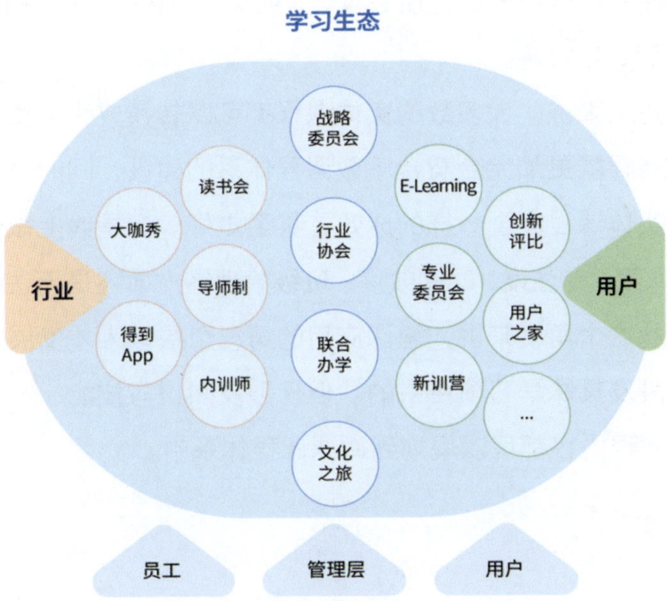

图 5-8　生态驱动型培训体系

企业在构建与升级生态驱动型培训体系时，有以下三点注意事项。

（1）企业在升级转型至生态驱动型培训体系时，不是完全摒弃人才驱动型及业务驱动型培训体系，更多的时候是三者相互依存、相互支持。简单来说，就是在集团层面构建生态驱动型培训体系，但分公司、子公司、控股公司以人才驱动型培训体系为主体，都兼带着集团层面生态驱动型培训体系的“触达”与落地部分的角色和任务。

（2）生态驱动型培训体系并不是完全封闭的，至少应该要向行业及目标用户（客户）群体开放，只有极少数处在国家战略层面的高精尖行业的企业需要封闭起来保护知识产权与研究成果。

（3）企业在构建生态驱动型培训体系时，一定要先搭建一个强大的中央控制台系统。这个生态驱动型培训体系的良性运转及学习项目的落地都要依靠中央控制台系统来进行顶层设计、监测、调度、控制、指引整个生态的内生循环节点与内容。

从理论角度来讲，大多数的实体课程都可以转换成线上微课形式，至于线下的微课程就更加完合契合于微课程体系的建设，同时也能有效保障同过去线下实体课程完全一样的成效，甚至更好。但是线上微课在学习氛围、学员投入度、专注度、时间效度、班级管理等方面还是无法媲美线下实体课堂的。从这个角度来讲，微课应用的第三个层级人才发展是可以应用到每一个阶段及具体学习项目中的。但凡涉及知识与技能、态度、认知水平等层面的课程内容都可以规划到微课课程体系中。